纪 念

第三代人诗歌三十周年

如果没有诗歌，我们的言说是没有意义的。或者说有意义，这个意义也与我们没有任何关系。说一句傻话，回顾人类历史，上下五千年，是什么使短暂的 20 世纪 80 年代突现出来的？又是什么使它值得被记下，甚至被张扬？

　　我肯定地说：这就是诗歌。第三代人的诗歌。

第三代人志 万夏 主编

浮水印

第三代人影像集

肖全等 摄影

柏桦 何小竹 杨黎等 文

中华工商联合出版社

1982 年秋天，四川五所大学的一群二十岁左右的诗人齐聚重庆。在西南师范大学的桃园，他们给自己这代诗人正式命名为第三代人。三十年过去了，"第三代人"这一开始就产生巨大的争议的观念已扩展到诗歌以外，变成了意义更为繁复、泛指整个八十年代文学艺术的代名词。今天出版的这套书，分别从诗歌、叙事、批评、影像四个方面，谨以此作为纪念。

序

　　这些照片都是从老版《灿烂》书中撤下来重新编排的。12年前，为了给《灿烂》配插图，我悉心收集了这些照片。今年新版的《灿烂》，我打算把它做成一本纯文字的著作。

　　这些大多八十年代的老照片，可能连当事人自己都没有留底，因此非常珍贵，把它们束之高阁实在可惜。今天把它翻开，当年的英菁才俊、青丝美人，现在可能已是秃头与灰发了，有的甚至早夭谢世，成了我们一生的追忆。

　　这些从《灿烂》撤下的照片大致以八十年代四川、南京、北京、上海以及其他地区的诗人分类编辑。因为收集上的方便，四川诗人的照片要比其他地区多一些，甚至我自己的照片也比别人多出了好几张。这次出版，我把各地区的诗人又补充了一些，以使本书更丰富好看。这里我特别感谢肖全老兄，选了一些他拍的照片，这让本书格外增色。也感谢何小竹和杨黎兄，是他们把照片的图说文字从大量相关诗人的文章里抽取出来，以形成了图文互动。

　　把这本集子从头到尾翻一遍，我也笑了。说实话，这本影集倒像我自己的一本私人相册，里面全是当年诗歌江湖上的哥们姐们。闲暇的时候把这本书翻一翻，就当喝酒的时候又多添了一道下酒菜吧。

万夏
2014 年 5 月于北京

11

书中图片说明摘自以下文章

柏桦
《左边，毛泽东时代的抒情诗人》
《成都（1986~1988）》
《回忆张枣》
《忆江南：给张枣》

何小竹
《我亲历的中国当代文学》
《话说杨黎》
《莽汉、非非与整体》
《吉木狼格与酒》
《内心纯洁的宋炜》
《四医院的小安》
《孤独而又热情奔放的柏桦》
《尚仲敏：好一张大师的脸》
《石光华的嘴》
《昆明访于坚不遇》
《关于萧元》

韩东
《小安的诗歌》
《<他们>或"他们"》
《答吕露问》
"豆瓣/于小韦小组"

翟永明
《小竹和他的舅舅》
《白夜往事》
《白夜谭》

李亚伟
《酒巷》
《英雄与泼皮》
《口语和八十年代》

杨黎
《灿烂》
《橡皮—中国先锋文学2》
《杨黎：答五木问〈诗歌报〉"86大展"的几个问题》

万夏
《苍蝇馆》

马松
《灿烂》

野夫
《乡关何处》

欧阳江河
《答<经济观察报>问》

石光华
《天下哥们一生酒》
《蒋荣兄弟》

胡冬
《我想乘上一艘慢船到巴黎去》

孙文波
《还有多少真相需要说明》
《有哪些往事还没有说透》

徐敬亚
《圭臬之死》

肖全
《我们这一代》

赵野
《一些云烟，一些树》

宋词
《单骑闯诗坛》

吴克勤
《石光华：诗，酒或美食的欢乐》

彭先春
《读何小竹的诗》

潇潇
《读潇潇的诗，我有一种心痛的感觉》

六回
《读点废话诗让生活不再像一句废话》

刘波
《第三代诗歌研究》

杨然
《有杨然、万夏、石光华喝酒的夜晚》

王琪博
《往事的背后有条小路》

周瓒
《女性诗歌：可能的飞翔》

豆瓣
"四川五君子"小组

张家百
《回忆1980年代的四川诗歌》

漆维
《张枣》
《1980年代的四川诗歌》

吴克勤
《石光华：诗，酒或美食的欢乐》

肖海生
《赵野很早就确定了人生的两个底线：自由，尊严》

洁尘
《口述》

唐继先
《青春》

尚红科
《九十年代我们开创了什么》

伊沙
《伊沙访谈录》

勒宜
《中国诗歌五十年》

孙基林
《第三代试论》

周亚平
《被诅咒的诗歌》

于坚
《尚义街六号：生活、纪录片、人》

朱文
《答翟永明问》

仁兄
《随手翻<灿烂>》

覃贤茂
《何小竹在南京》

大仙
《幸存者》

西川
《太像诗人的诗人不是好诗人》

陈东东
《游侠传奇》

默默
《我就是海市蜃楼：一个人的诗歌史》

耿占春
《不期而至的救赎》

董辑
《吉林诗歌的过去、现在与未来》

覃闲梦
《诗歌的过客》

艾蕾尔
《孤仁废墟间：岛子的诗意追问》

萧元
《置身在南方，置身在民间》

二毛
《酒桌边的英雄》

梁晓明
《梦幻的彼岸》

邰筐
《诗人侯马与警察衡晓帆》

周墙
《前世今生，只是一个瞌睡虫》

吉木狼格
《我的诗歌》

姜兰兰的博客
臧棣的微博
萨苏的博客
水晶钥匙的博客
老巢自述

1982 年夏天，四川南充，一个盛产桑蚕和丝妹的小城。在莽汉主义的发源地——南充师范学院，一场大规模的社会群殴过后，马松（前排左二）、李亚伟（前排右一）、扬帆（前排右二）被拘留十五天。这张照片为出狱的当天留影，三个人均被拘捕所剃成了秃头。两年后，在李亚伟著名的《中文系》诗中，所描写的八个人全部在这张照片里。

万夏（后排右二）、邓署光（历史系瘦猴，后排右一）、中排从左到右为小绵羊、杨杨、石方、敖哥、李亚林。前排左一为胡玉（玉子娃）。那时万夏 20 岁，马松和李亚伟 19 岁。

——万夏《苍蝇馆》

判决　李亚伟　20岁

—— 古谚 ——

只有自杀者才真正活过
他们: 回忆就是目标
旗尚是已经走过的路

如同孩子
在路灯下寻觅足迹
还捂着上个世界的壳
我身后总有一个人"

也象流星
暴露了瞬间的光亮
它的前后都是黑暗

但对爱人我还是要说:
我不能死去
对祖国我也要说:
我还是不能自杀

对进中我闷的墙的敌人
我就高呼:
二十年后又是一条……

亚伟 83.12.13
哪嚼万变儿

大学时期的李亚伟主要是旷课，耍女朋友，打架，又因为外貌、奇装异服，和那种老老实实的人不一样。当时胡玉看到一个人，说：这个小屁儿虫你妈还有些浪啊，要去打万夏，就去拍了一下他，问："你是哪个系的？""我是中文系的。"万夏说。"我也是中文系的"，胡玉说，"我晓得，你肯定是80级的，79级的在全校没有哪个不认得我们的。"当时就是这样，把肩膀一拍，他们就认识了。胡玉说："你过来耍吧。"就这样把万夏喊了过来，然后大家一起耍了。

——杨黎《灿烂》

1983 年，李亚伟寄给万夏的诗笺独具匠心。

1979 年，当他们相约走进照相馆时，他们已经深感时光流逝：两个莽汉主要创始人，两个发小（后排左为 17 岁的万夏，右为 16 岁的胡冬，他那时的名字叫胡琪），前排为李原和唐继先。

1982 年暑假，成都。胡冬作为万夏最好的朋友和诗友，陪同万夏一起去了那家国营冷饮店。这种陪同在我们那个时代是非常正常的，甚至也是必要的。而廖希，作为少女帅青的男朋友，也被帅青叫了过来。诗人柏桦说的三个方面的代表，就在那天下午，就在那家国营冷饮店，就在少女帅青的面前，在她青春和美丽的召唤下，坐在了同一张桌子旁。

——杨黎《灿烂》

那次聚会是安静的。它和后面轰轰烈烈的运动差异太大了。当然，它其实也是那场运动一个合理的部分。在反抗的旗帜下，在反文化、反崇高、反英雄的激情之下，在怪异的 20 世纪六七十年代像一本连环画一样翻过之后，"第三代人"打一开始，就和所有的革命表现出了不同的方式。

——杨黎《灿烂》

20 年后，也就是 2002 年，万夏和胡冬重逢巴黎，电梯里胡冬头戴一顶阿拉伯头巾。

我想乘上一艘慢船到巴黎去

去看看凡高看看波特莱尔看看毕加索

进一步查清楚他们隐瞒的家庭成分

然后把这些混蛋统统枪毙

把他们搞过计划要搞来不及搞的女人

均匀地分配给你分配给我

分配给孔夫子及其徒子徒孙

——胡冬《我想乘上一艘慢船到巴黎去》

1984 年的冬天，我记得那是在一个很早很早的早晨，8 点钟，那时候我还在上班。我上班的地方和万夏的家只有几步远。那天早晨，万夏到了我工作的地方，银行里。万夏进来，他好像根本没睡觉的样子，跟我说："到我家里去。"我就去了。他很兴奋，把抽屉拉出来，也没说话，拿出一沓沓诗稿。直到现在，我都还清楚地记得这三个人的诗，胡冬的《我想乘一艘慢船到巴黎去》，马松的《咖啡馆》、《生日进行曲》，李亚伟的《我是中国》、《硬汉们》。那真是中国诗歌最重要的早晨。我从万夏家出来时，我觉得成都那天的太阳太亮了。

——杨黎《灿烂》

为纪念 20 年前的《我想乘上一艘慢船到巴黎去》，胡冬和万夏在巴黎埃菲尔铁塔前留影。

1984年春天的某天，胡冬找到赵野，说他和万夏还有李亚伟一拨，在写"莽汉"诗歌。在1984年初，他就写出了《我想乘一艘慢船到巴黎去》。这首诗后来被认为是那一帮人中最早的杰作，有着超越青春期的狂想和力量。胡冬最终乘着飞机去了伦敦，一去就是二十年，很决绝地和国内的朋友和诗歌再无联系。

——杨黎《灿烂》

1984年春节。无聊。万夏和胡冬在一次喝酒中拍案而起："居然有人骂我们的诗是他妈的诗，干脆我们就弄他几首'他妈的诗'给世界看看。"几天之内，两人就写出近十首"不合时宜"的诗，并随便命名为"莽汉诗"。

——柏桦
《左边，毛泽东时代的抒情诗人》

而"莽汉"的肇事者万夏、胡冬却只当了3个月的莽汉就改弦易帜。而李亚伟和马松的莽汉热血却越燃越炽、越烧越痛、越吐越快、越走越远。

——柏桦
《左边，毛泽东时代的抒情诗人》

在巴黎埃菲尔铁塔上，胡冬用手机
和国内的朋友通电话。

在 1980 年代，最初的写作都很依赖翻译的启示和影响，甚至让人用带有模仿色彩的方式去学习的阶段。不管现在承认不承认，当时很多人的确从西方现代主义诗歌中学到了不少东西。比如欧阳江河的《悬棺》一诗，当时他写这首诗时，正是孟明翻译的圣琼·佩斯的《远征》一诗的几段。在这之前，人们对现代诗的理解最关键的一点是它的分行排列形式，但圣琼·佩斯这首诗却像散文一样是以段为单位的。

——孙文波
《还有多少真相需要说明——回答张伟栋》

2002 年，在巴黎孟明家的晚餐后，从左
到右为臧棣、孙文波、胡冬、万夏、孟明。

　　整整 24 年之后，或者更早一些时候，我们已看清了"莽汉"激情。它是一种不同于"今天"的激情。"今天"是"道"与"道"的对抗、"理想"与"理想"的交战，"莽汉"是生活、肉体对"道"的重创，对"道"的焚烧。

——柏桦《左边，毛泽东时代的抒情诗人》

2001 年，接受采访的李亚伟，鞋底的
"Belle"标志好像在给人说"别理"。

1985 年，在乌江边的丁市中学当老师的
李亚伟，每天写诗、喝酒、给朋友写信。

在李亚伟的一生中，那件事情做的最多？首先要把写诗排除，迄今为止，我们所能见到的他的诗，不到 2500 行。其次，我们也要排除他喝的酒。在很多地方，李亚伟是以喝酒、爱酒和写酒而引人注目。但是，在我对李亚伟的采访中，我们共同发现，在他至今 24 年的酒龄里，要活活地扣除整整两年的时间。所以，单就喝酒的时间而言，他也排不上第一。而对于做爱这件事的统计，我只能做到以下三点：(1) 李亚伟的第一次做是比较晚的；(2) 李亚伟只有（包括今后）一次婚姻，一个老婆；(3) 李亚伟非常喜欢做。

那么，李亚伟究竟什么事情是最多的呢？也就是说，在第三代人中，李亚伟比我们都做得更多的事情是什么呢？我认为，就是他走的路。1990 年，他莫名其妙地在重庆待了两年。而后的三下海南，七上武汉，朝天门和沙平坝就无以数计了。

——杨黎《灿烂》

1984 年夏天，我收到了一封信，写信人名叫李亚伟。他是通过我的朋友而知道我的。随信寄来了一本油印诗集，叫《恐龙蛋》，于是，我知道了有一群与我年龄相当的人，在写一种惊世骇俗的诗，他们宣称自己是一群身上挂满诗篇的豪猪，为打铁匠、大脚农妇写诗，写的是"他妈妈的诗"。

——何小竹《我亲历的中国当代文学》

1984 年李亚伟写了《中文系》、《硬汉们》、《苏东坡和他们的朋友们》、《毕业分配》等作品，并通过手抄、复写、和邮寄等方法完成了这些诗歌的发表过程。

1985 年，李亚伟是乌江边丁市中学的教师，正在火热地实验他们那种幽默、新鲜的语言方式，身体力行反传统的生活态度。"李莽汉"、"二（二毛）莽汉"、"马（马松）莽汉"、"女莽汉"、"小莽汉"等已被他们彼此当成绰号在使唤，而且这些绰号已经落地生花到了重庆和成都等地很多诗人们中间。

——杨黎《灿烂》

1997 年，在大连的一个军事博物馆，
李亚伟在一辆 T62 坦克上练习打飞机。

　　莽汉主义的敌人是社会，革命的手段是自我绚烂地毁灭激情。1986
年当李亚伟第一次读到"垮掉派"诗人艾伦·金斯伯格的《嚎叫》时，他
用他调皮的川东乡音也嚎叫了一声："他妈的，原来美国还有一个老莽汉。"

——柏桦《左边，毛泽东时代的抒情诗人》

　　如果说在 80 年代，李亚伟感觉是喝不完的酒，那么 90 年代以来，李
亚伟的感觉是做不完的事。他常常挂在嘴边的两个字，就是干活。很强的
川东口音，或者东北味浓厚的普通话，有许多的无可奈何，而且说得非常
的慢。他说喝酒的时候不是这样的，他说吃肉的时候也不是这样的，他说
绕女，他说快活，他说橹管，都不像这样。市场经济的时代啊，李亚伟觉
得自己越走越远，也越走越鸡巴累。所以李亚伟说："让我飞得更高。"

——杨黎《灿烂》

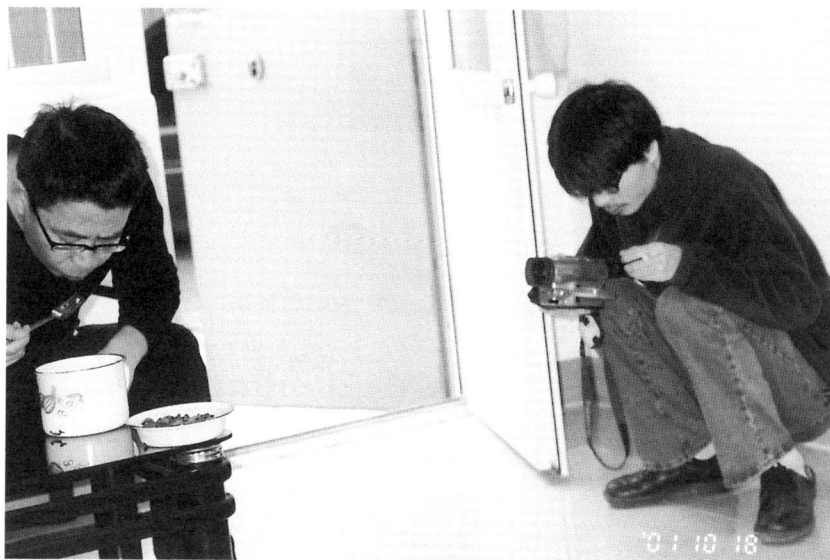

乌青在拍李亚伟吃午饭，好大一盅，像民工。

请你把我称一下，看够不够份

请你把我从漏斗里灌进瓶子

请你把我温一下

好冷的天气

像是从前的一个什么日子

——李亚伟《酒巷》

1996 年的夏天里，我常常接到李亚伟这样的电话，他邀请我出去吃肉。吃那种最肥最肥的肉，一口咬下去，油都在流。这种时刻，他会不停的说："快活，快活。"

真他妈快活。

是的，他快活，完全的快活，而我却不能像他一样。因为他吃了肥肉，还是那么瘦；但我吃了之后，却越长越胖。好在我们两人的长相，和我们两人的诗恰好相反：他的诗更肥，油水很多；而我的诗更瘦，瘦得只剩下几把骨头。

——杨黎《灿烂》

2002 年，李亚伟和太太佐蕾及女儿李雨农在北京卧佛寺的小溪边。李亚伟抱着的是万夏 2 岁的儿子万少一。

李亚伟说：我觉得追求富裕的物质生活是我们这一代人的基本观念。他的 80 年代生活又乱又贫穷。所以到了 90 年代就要追求富裕的物质生活，"你他妈为什么要穷？你他妈穷了，别人还说你是寄生虫。那些知识分子装穷，他是装给外国人看的。他们还是为了有钱的生活。只是有点丢人现眼妈的。"后来李亚伟就下海了，开始了自己的书商之路。

——杨黎《灿烂》

我常常想起马松说的一件酒事，马松说，有一个冬天的深夜，快到 12 点了，突然手机响了，是李亚伟呼他出来喝酒。马松说，太晚了，明天吧。李亚伟说，有一种酒非常好喝。马松问，什么酒？李亚伟说，深夜酒。马松一听，立马从床上翻下身子，感觉到自己的脖子被拎着，直接从五楼拎到李亚伟面前……

——石光华《天下哥们一生酒》

　　莽汉诗歌作为一种风格，莽汉主义作为一种自称的流派，已在 1986 年夏天到来前，从其作者的创作中逐步消逝。而作为精神的莽汉，则不同程度的出现在这一代人的梦想、生活或诗歌中。这种精神的繁殖力，沿生在整整一代人的生活之中，成为一种空间的、时间的无止境"漫游"！

——柏桦《成都（1986—1988）》

2002 年，李亚伟在一个乡村的供销社。

　　1986 年，在成都古卧龙桥街万夏家，马松那时看上去还很文雅，像个大三的学生，具有某种欺骗性。注意窗外，马路对面的屋瓦，那时成都还保留了石桥青瓦的古风。

　　马松与胡玉不同，他先是我的酒友和哥们儿，大学二年级时，他因"精神病"休学一年，从 79 级降至 80 级，返校后径直加入了校拳击队，当时我与胡玉也都是拳击队员。

——李亚伟《英雄与泼皮》

万夏有一次说马松："这个屁儿虫，如果不是写诗，啥子都不是。"当时万夏在生气。气一生完，他又补充了一句："当然，我如果不写诗，也啥子球都不是。"把他的话做一个文化的表述，应该是这样的：没有诗歌，我们这一代人将什么也不是。

——杨黎《灿烂》

离开学校的最后一个晚上，我在学校大门口遇见一个叫燕的女孩——我的诗歌必须向她跪下。我让她把家里的地址给我，我很壮怀地告诉她：发表第一首诗的时候，我就来找你。说完扭头就走。当晚，我在一帮兄弟们为我送别的小馆子里大醉。

抱着对诺言实现后那一天的疯狂期待，我开始动笔写诗。

——马松《灿烂》

1997 年，在大连的一个渔市场的栏杆外面，左起马松、宋炜、万夏，表情都很严肃和专注。为什么？恐怕连他们自己也不知道。

1985 年初，万夏把《现代主义同盟》（即后来的《现代诗内部交流资料》）编完后，亲自设计了封面，并送到了印刷厂。对外的联系和征订工作，在宋炜的帮助下，顺利地开展起来。用万夏的话说，当时的宋炜，基本上是一本活地图。全国各地的诗人，他全都有联系。所以，宋炜为这本刊物的后期做了大量工作。

　　这是次要的。重要的是，在为这本刊物出来的操作中，万夏和宋炜建立了非同寻常的关系。也就是马松说的血亲兄弟的关系。

——杨黎《灿烂》

　　有很多次，马松酒酣时突发诗兴，叫吧员拿来纸笔，就着烛光，写下一些"骑在菩萨肩上飞跑"的诗句。当然也有酒未喝够，诗句没有应约而来的时候。一次，马松与一女孩打赌，说要为她当众写一首诗。结果只管喝酒，没能完成所赌之诗。马松拿过纸来，提笔写下一张欠条：某年某月某日，欠诗一首。

——翟永明《白夜往事》

1997年，马松在一个军事博物馆的一架米格19战斗机上。

众所周知，我从来就是一个反对比喻的人。但是，对于马松以及"莽汉"的诗，我压根就没有说过"比喻"的坏话。当比喻到了为了比喻而比喻的时候，马松的诗歌从另一面向我们展示了真正的诗歌必须反对比喻。马松对诗歌的热爱，就像他对女人和酒的热爱是一样的：特别单纯的冲动和快感。也只有这种冲动，也只有这种快感。也只为了快感。

——杨黎《灿烂》

这是一张很奇怪的图片，全部进入镜头的有 10 个人。经仔细辨认，确定是围在街头出了车祸的一堆海带旁边。最左边那半张脸为宋渠，宋渠的旁边为宋炜，宋炜的旁边为李亚伟，李亚伟的旁边为冯林。而稍远一点那个仿佛过路的人是万夏，显得怒气冲冲。

——万夏《苍蝇馆》

在大连街头一大堆海带边，从左到右，宋渠、宋炜、李亚伟、冯林、万夏。

1980年代酉阳的二毛，头戴土家族的菜蓝子。

　　没有人相信二毛会成为一个"莽汉"诗人。这句话是二毛的老乡加好朋友何小竹说的。在涪陵的时候，二毛穿一件中山装，每一颗扣子都扣得巴巴适适（注：妥妥帖帖）的。那是1983年，二毛在涪陵师专读书，不热爱自己的专业，却喜欢写诗。

　　二毛一直是学校里的好学生，这是二毛的高中同学李亚伟说的。二毛自己也承认，自己的确是一个好学生。只是考大学时，二毛总是考不好。他考了三次，最后是迫不得已了，才去读了这个烂学校。二毛说，如果他像我一样，一直就在成都，球大爷才去读。

——杨黎《灿烂》

我俩天天大喝特喝，那时，"莽汉诗歌"不能没有二毛的酒。

——李亚伟《英雄与泼皮》

在 1980 年代，诗人和艺术家都很穷，都有一个情节：一旦有了点钱，第一件事就想开家馆子，免费在里面喝酒吃肉。

——何小竹《我亲历的当代文学》

第三代人里面，办馆子的有好几个，而办过馆子的还要多一些。当然，办得好、办得有名气的，却不是太多。二毛的川东老家是一家，在成都那是非常有名的，甚至比二毛的名还大。时至今日，二毛的馆子已经不是川东老家，而是名满京城的天下盐。二毛本人，也不仅仅是成都圈子里的美食家，而是央视著名电视栏目"舌尖上的中国"里的美食顾问。

——杨黎《灿烂》

莽汉诗人二毛，后来成了著名美食策划人。身后是他在成都的"川东老家"餐厅。中年二毛在成都办餐馆，一路开到北京的"天下盐"。

80 年代的成都风调雨顺，温和宜人，人民安居乐业，享受着闲散、率性和颓废的生活。诗人在这儿如鱼得水，蔑视金钱和物质，放纵个性和情欲。万夏因此写道：仅我腐朽的一面／就够你享用一生。

——赵野《一些云烟，一些树》

1986 年，万夏在孙文波成都火车站附近那间幽暗的密室借宿，我、敬晓东、潘家柱、柏桦常来，他们三天两头提着暖水瓶去打散装啤酒。喝到深夜，一辆火车从窗下驰过，整栋房子轰轰隆隆在响。万夏在这里细致研读《易经》半年，完成了转入"汉诗"的精神准备。

——杨黎《灿烂》

1986 年秋天的万夏。那时他小住在孙文波家写诗，研究易经。

肖全 摄影

　　1992 年春天，万夏出狱。万夏说，他从重庆出来后，家徒四壁什么也没有。那是 1992 年，邓小平正在中国的南方发表他重要的讲话，这是关于中国历史改变的讲话。邓小平说："搞活意味着一切。"

　　是啊，都已经 30 岁的万夏。在重庆傻呆了两年，现在虽然出来了，可是一切已经改变。出路在哪里？今后怎么办？是不是就像自己在诗歌里预言的那样，诗人无饭，请喝汤？年老的母亲，已经更加年老。一些房屋在拆除，一些大楼在修建。太阳每天升起，照耀着成都盐市口，以及从盐市口匆匆走过的人群。

　　　　　　　　——杨黎《灿烂》

1992年春天，万夏出来当天，在成都天府广场。他的三个发小李耀武（左一）、曾广谦（右二）、杨路（右一）。万夏的裤腰上没有系皮带，鞋上没有鞋带。

1985 年，万夏和马哲在 Y 咖啡。马哲从贵州流浪到成都，在杨黎和万夏开的 Y 咖啡里打小工三个月。马哲右手在削水果时负伤。

　　1985 年的一天下午，快吃晚饭的时候，在我和万夏的 Y 咖啡里，来了一个贵州人，他是来找万夏的。当时，万夏还没有来，我就主动地去接待他。我对他说，我是杨黎。当时《现代诗内部交流资料》已经出来几个月了，我以为他应该知道我。结果他的表情让我非常失望。

　　我的一个朋友刚好在旁边，他看出了我的失望，就对那个贵州人说：杨黎是《怪客》的作者。那个贵州人听了以后，才一副恍然大悟的样子，不停地说："知道，知道。"接着还背了我的一句诗，以证明他的话不假。他说："对于你来说，我便是怪客。"我无疑高兴起来。他说，他知道万夏的名字，但是不知道万夏的诗；而他知道我的诗，但是没有记着我的名字。

——杨黎《灿烂》

46

多年后，在北京凯宾斯基喝啤酒，我就对杨黎说：其实
第三代诗人，我们的本质就是快活。金斯堡的火车是开往地狱
的，而我们的火车必须开往天堂。

——万夏《苍蝇馆》

我是 1984 年夏天认识万夏的。那是一个黄昏，我当时的
女朋友把他带到我的家里来，并且在我完全不知道的情况下，
我多少有些紧张。除了他的高个子和一头乱七八糟的头发之
外，给我留下印象的就是他胸前挂着的一串长长的钥匙。那个
时候我还不太会通过喝酒交朋友，然而因为诗歌，我们并没有
就此错过。我的诗歌和"莽汉"的诗歌。第二天早上，他把我
接到他的家里，给我看了胡冬的诗，李亚伟的诗，马松和他自
己的诗。像那个时候所有的友谊一样，我们从诗歌开始。

——杨黎《灿烂》

1984 年，万夏和杨黎在成都杨黎家。

1986 年，万夏在宋渠宋炜的沐川家小住，背后的墙壁上
是他画在宋渠宿舍的巨幅壁画。

九月初回到学校，胡冬非常欣喜地告诉我，革命形势一片大好。暑假期间，他和他的中学校友万夏、廖希聚会时，发现彼此成了同道。万夏在南充师范学院、廖希在西南师范学院都组织了诗社，并都在各自的学校有着相当的影响和号召力。他们当即决定三个学校要联合起来，第一次聚会定在西师，时间是那年的国庆节。

　　　　　　　——赵野《一些云烟，一些树》

　　宋炜人舒服，酒也喝得，为人也豪爽。那个时候他没得任何渣渣洼洼的东西，很清朗，很清爽。不过我对他诗歌的才华和天才更欣赏。在1992年，宋炜后来到成都的时候是万夏喊他出山的，石光华是一直不想喊他出来，石光华觉得宋炜在沐川待起，偶尔出来要要非常好。万夏硬要把他喊出来一起搞出版。而宋炜出来后就基本上停止写作了。不仅没有写了，整个诗歌意识也没有新的改变。

　　　　　　　　　　——杨黎《灿烂》

2000 年，新世纪开始，万夏和儿子万少一，在北京上苑。

万少一出生的那一年，万夏写了《晚上 9 点的夜来香》，耍起没得事情，就写了几首，就像看诗一样，万夏"只读几个人的诗就够了，何必要读那么多，我又不是做啥子工作要了解。为什么非得逼得天天写，我觉得很怪，要天天写诗才是诗人吗？"

"想不想喝美酒，过快活日子？"万夏问我。

这基本上是我们这一群人共同的想法，是一个起码的要求。

——杨黎《灿烂》

　　1980 年代初，在成都的四川智协是四川青年诗人协会坚
实的后盾。著名青年领袖陈礼蓉、梁春晓、唐步云、周晓明、
杜明等是当年四川先锋诗人最坚定的支持者。现在他们或在纳
斯达克上市，或皈依佛门，或仕途青云。2000 年，老友相聚：
左起唐步云、陈礼蓉、黄利、万夏。

　　"你晓不晓得陈礼蓉？"万夏突然问我。我点
了点头，我怎么会不晓得陈礼蓉呢？四川青年诗人
协会的首任会长，一个不写诗的好哥们。一个知识
分子，后来成了知识分子商人，最后遁空佛门。

　　　　　　　　　　　　　　　　——杨黎《灿烂》

杨黎和李亚伟,2002年6月1日,在北京几个诗人40岁的儿童节上。

李亚伟大约是 1987 年初与杨黎见面的。在李亚伟的转述中，杨黎更像个小孩。小孩一样的单纯，小孩一样的撒娇，小孩一样的脆弱。

——何小竹《话说杨黎》

　　我和李亚伟基本上是酒肉朋友。我和他在一起，一般不怎么谈论诗歌。如果一不小心谈起了，肯定是以吵架而告终。虽然，我们之间都非常看重对方。

　　那就吃肉好了，特别是肥肉。君子之交，其淡若水。兄弟相交，其油如肥肉。

——杨黎《灿烂》

1999 年秋天，成都橡皮酒吧门口，左起小安、何小竹、
吉木狼格、杨黎。

　　我开始追踪非非的创作及理论。如果说"今天"是对毛泽
东话语体系作出的第一次偏离（对所指的偏离），那么非非对毛
话语体系作出了第二次偏离（对能指的解放）。

　　　　　　　　　　　　　　——柏桦《左边，毛泽东时代的抒情诗人》

　　橡皮酒吧，是我生命中的一个转折点，是我后来所发生的事情的开始。虽然现在我还在艰苦的奋斗之中，但我必定得到了喘息、找到了方向。如果我有机会的话，我一定得好好地回报他们。当然还包括我的许多好友。他们的名字，我全都牢记在心里，却不敢在这里一一地写出来。

——杨黎《灿烂》

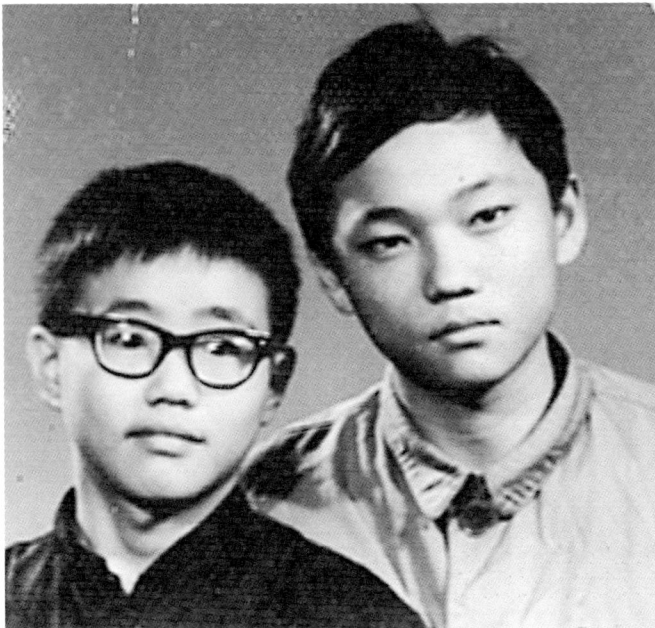

杨黎与王镜，1976年摄于成都。2008年，诗人张羞用
这张照片为杨黎的长篇小说《向毛主席保证》做了封面。

　　杨黎至今仍给我留下最初的印象：个子不高、身体很胖、
有一张看上去象孩子一样的圆脸，但当他爽快的大笑起来时又
有一种夸大了的成年人的感觉；他是一个很快乐的人。

——柏桦《左边，毛泽东时代的抒情诗人》

　　我和我的几个中学同学，其中就有王镜，在性意识开始明
白和显现的那一年，就莫名其妙地爱上了文学。共同的爱好，
使我和我的几个同学的友谊保持下来。这是重要的，也是我必
须记住的。我后面发生的一些事情，都和这份友谊不可分割。
1980年，我开始认真写诗。后来，我们合办了橡皮酒吧。

——杨黎《灿烂》

杨黎、小安和杨黎的母亲。25 年前，幸
福的家庭生活。

　　小安的渊源可以追溯到上世纪 80 年代的"非非"，她是
"非非"第一诗人杨黎的前妻。他们因诗歌而结缘，我也因为
诗歌而结识了这对前夫妻。"非非"作为一个诗歌社团以喧哗、
叛逆著称，然而小安一如其名，是安静的。

——韩东《小安的诗歌》

　　我第一次看见小安时，是傍晚，我坐在重庆三军医大校园的草坪
上。我甚至看见的不是人，是几套军装。我一下被她们吸引了，那些统
一的服装，完全是风姿招展，非常迷人。刘太亨说，她们都喜欢诗。在
那时，喜欢诗歌的人非常的多。在重庆，有一句流行的话是这样说的：
如果一根竹竿打下来，在沙平坝（重庆的一个区）肯定全都会打到诗人
头上。我问太亨，她们也是。她们立马看着我，说：我们都是。

——杨黎《灿烂》

1987 年，在成都：前排左起何小竹、宋词；后排左起尚仲敏、杨黎，热烈欢迎宋词骑自行车从东北牡丹江来到成都。

骑车进入成都的当天，我首先找到杨黎，晚上又一起在尚仲敏执教的学校找到尚仲敏，他们两位事先知道我要来，正在等待。其中杨黎曾以一首《冷风景》风靡当时的青年诗坛，而尚仲敏的现代诗理论也是一路"板斧"。我和杨黎进去时，尚仲敏正在宿舍斗室里同一位清瘦的青年人喝酒闲聊。这位青年竟然就是刚从黔江赶过来的何小竹。这使我感到意外地高兴。何小竹是位非常优秀的苗族诗人，我很喜欢读他的诗。他诗中那种深厚的民族情怀和文化失落的忧患意识，那些丰富多彩、奇幻诡谲的意象，那种绵绵如诉的抒情语气，读来令人荡气回肠。

——宋词《单骑闯诗坛》

杨黎号称"莽汉"的第一哥们，那是因为他在成都，跟万夏是好朋友。我说我是"莽汉"的第二哥们，因为我在涪陵，跟亚伟是好朋友。

——何小竹《我亲历的中国当代文学》

　　我把万夏的诗歌活动重新梳理了一遍，我发现他真的是中国当代诗歌史一个重要人物。不信你看：A."莽汉"诗歌的发起人之一；B."莽汉"诗歌的绝对传播者和推动者，李亚伟、马松"莽汉"写作的直接诱发者；C.第三代人的提出者和煽动人之一；D.四川省青年诗人协会创办人之一；E.《现代主义同盟》（现代诗内部交流资料）主编；F.《汉诗》创办人之一；G.《后朦胧诗全集》主编、策划者和出版人。

——杨黎《灿烂》

　　2002年，北京。左起黄利、万夏、李亚伟、杨黎。黄利说，你们不到20岁就在一起玩耍，现在已经40了，好快。

　　2002 年 6 月 1 日，在几个诗人 40 岁的儿童节上，一个女孩醉了，杨黎、马辉和李亚伟似乎还清醒。身后是酒坛子，那天，这样 50 斤一坛的十年咸亨老酒，喝了两坛。

1984 年在成都认识杨黎，但交往不多，直到办《非非》我们才成为朋友。在"非非"里，杨黎的豪爽与诗歌都给我一种亲切感——在生活中豪爽，在诗歌中细致。他把才华控制在笔端，有选择地一点一点释放，生怕阳光太强了会灼伤那些脆弱的皮肤。

——吉木狼格《我的诗歌》

我一直想跟这条莽汉喝酒，之前我已和其他几条莽汉（如二毛、马松、胡冬等）喝过酒，从他们的口中得知"亚伟海量"。——刚开始，我把眼前的李亚伟和想象中的李亚伟对不上号，也把他和他的诗对不上号，无论如何，他都清秀了一点。

——吉木狼格《我的诗歌》

骆耕野对我说，他有一张书店的执照，叫我办一家书店。我欣然领命。除了一张执照和一间空房子外，骆耕野什么也没有给我。当时是 1985 年 12 月了，我必须在 1986 年元旦开张。书店的装修由万夏来做。在做装修的过程中，我们发现这间房子晚上完全可以利用起来。就这样，我们决定办一家咖啡店。或者说，是一家圈子味非常浓的咖啡店。这一发现，使我们高兴了好久。书店是上午开张的，而咖啡店是晚上开张的。咖啡店的名字，是石光华帮我们取的，叫做：Y 咖啡馆。

——杨黎《灿烂》

90 年代初的何小竹，喜欢用平常的语言写诗。

我一直对少数民族有亲近感，有时我幻想也许前世我也是一个彝族或藏族人。苗族诗人何小竹、彝族诗人吉木狼格都已经长得很汉族了，只有少数时候读他们的诗时，会发现一点"巫气"，尽管那是他们排斥的"风格化"的东西。

——翟永明《小竹和他的舅舅》

　　我始终认为何小竹的天才是无所不能的，而不仅仅体现在坚定方面。1990年代初，中国大地流行"下海"，搞经济建设，这股浪潮也波及到了我们。我、吉木狼格、蓝马、尚仲敏合伙办了一家广告公司，我们还以集体的名义给何小竹写了一封热情洋溢的信，大意是说：万事俱备，就差你了。我们凭着对何小竹的了解相信，即使他无此兴趣也非来不可。果然他收到信后匆匆赶来了，他甚至不知道我们究竟要干什么。

——杨黎《灿烂》

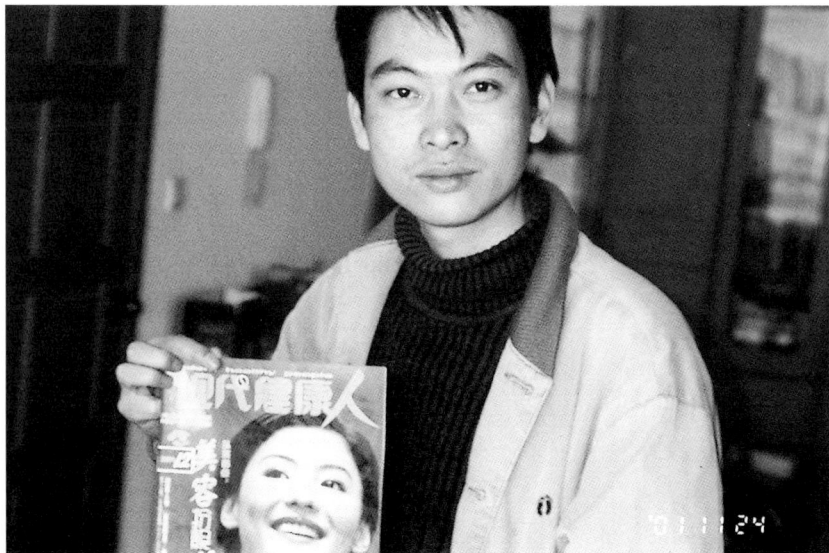

进入新世纪的何小竹。

酒量不大，但偏就欢喜啄一杯，酒席上刚过三巡，已经脸红筋胀，便趁转台的空隙溜之大吉，代表人物非何小竹莫属。

——吴克勤《石光华：诗，酒或美食的欢乐》

如果说何小竹 1980 年代的诗使他成为了一个诗人，那么 90 年代写的诗则使他超脱出诗人的队伍，以其鲜明的风格在诗坛上独树一帜。他有一句名言：放弃一切就是诗。这句话是对何小竹诗歌写作的最好注释。1990 年代后期，何小竹终于厌倦了"下海"的生活，他推掉了几乎所有的生意和应酬，回到家里，做一名职业作家，《女巫系列》就是在这之后创作的。新世纪后，由何小竹、我、韩东、乌青策划并创建了"橡皮文学网"。

——杨黎《灿烂》

当我在绵竹见到他真人 / 我很想拥抱他 / 事实上，我就拥抱了他 / 那时，我想的是 / 借助这个拥抱 / 我也就拥抱了杨黎 / 他们在我心中 / 都是响当当的诗人

——彭先春《读何小竹的诗》

何小竹在《我与"非非"》中这样描述了我们第一次见面："应周伦佑之邀，我和刚结婚不久的妻子在 1986 年的夏天到了西昌。我们路过了成都，但没有与杨黎见面，原因是周伦佑在信上说，杨黎和尚仲敏也要去西昌，所以就没单独去找他们，而是想到了西昌后大家一起见面比较好。但结果是，我至今都不知道是什么原因，杨黎和尚仲敏那次都没有到西昌去。1986 年的'错失'，将我和杨黎的见面推迟了两年，直到 1988 年我参加'运河笔会'从扬州回到成都，我们才有了诗歌的交流，并将这种友谊保持至今。"

——杨黎《灿烂》

何小竹与杨黎，在 80 年代。

1980 年代的彝族人吉木狼格，普通话说得比成都人好。

狼格酒量大。诗人朋友中，能与他匹敌的，可能只有李亚伟和万夏了。所以，从酒上说，他是"莽汉主义"的。狼格还说，在成都，自己的身体变娇气了，酒量不如在凉山。

——何小竹《吉木狼格与酒》

1987 年，《非非》第二期出刊。在其过程中，吉木狼格出现了。吉木狼格的介入改变了我与"非非"同仁的交往态度。是他在一个功利集合群中，率先引进友谊。他的生活情趣、诗歌追求和为人处世的心态，使我们很快成了朋友。从他开始，我和"非非"的关系进入另一个层次。同样，从我和他的友谊开始，使一个复杂的、功利的诗歌活动拥有了不可否认的、纯洁的诗歌趣味。这是多么重要的拥有。否则今日之"非非"，更将是令人尴尬的"非非"。就像吉木狼格所说的一样，在我们的生活中，除了酒、阳光和女人之外，还需要什么呢？

——杨黎《灿烂》

当蓝马突然在《日以继夜》、《九月的情绪》中偏离他的"非非"理论时（他转入带有象征意味的抒情），吉木郎格、这位腼腆而温柔的"非非"诗人（但他酒后的举止让人吃惊、整个眼神判若两人）正带着他那一贯克制的忧伤进入出奇不意的"很短"的"非非"，他写出一批很短的诗，被"非非"同人认为妙不可言。

——柏桦《左边，毛泽东时代的抒情诗人》

一次吃饭，来了一个女的，是一个彝族，长得很有彝族的味道。也是我喜欢的那种味道，成熟得蛮有风情。她让我想起了大凉山、西昌和吉木狼格。很多时候，我其实真的愿意是彝族。比如在成都，我认识好多彝族的女人，我都对她们说我也是彝族。这一次，在遥远的长春，我当然不会放过这样的机会。更何况我在内心深处，的确有他乡遇故知的感觉。虽然我不是彝族，但我是彝族的感觉。她说她知道吉木狼格，也知道杨黎，但是，她不知道吉木狼格就是杨黎。我相信她的相信。从某种意义上讲，我就是吉木狼格，而吉木狼格也就是我。

——杨黎《灿烂》

2001 年，蓝马在成都的一家茶馆里。

非非主义理论家蓝马在一个 10 月的黄昏被敬晓东介绍给我。我知道他是"非非"的命名人。他的《前文化导言》试图为人们的头脑打开一扇可怕的窗户，他层出不穷的"非非"理论被认为是一个超越了德里达的狂想，他最初的诗作《沉沦》就已表现出反文化的坚决倾向。

——柏桦《左边，毛泽东时代的抒情诗人》

可以说，没有我也仍然有"非非"。但是，没有周伦佑和蓝马，却绝对不可能有"非非"。若干年后，周伦佑在一本书的前言中提到我、蓝马和他三个人对"非非"的贡献与意义时，过多地强调了我的作用，使我汗颜。1986 年，一个 24 岁的杨黎，除了在其诗歌写作中坚持着自己的追求和挥霍着自己的才华之外，在其做人做事上，都尚未形成自己的主见和风格。酒、女人是我诗歌之外的主要生活。

——杨黎《灿烂》

杨黎、何小竹、石光华三人醉意朦胧，2001 年几乎
天天在橡皮酒吧喝酒。

石光华曾对我讲，凡真正热爱酒的人都是从骨子里生发出来的，譬如李白苏东坡之流。记得他写的《诗人与酒吧生活》中有这样的诗句："谈李白，要先喝几杯酒/……半打以后，和杨黎谈李白/李白就是兄弟"。

——吴克勤
《石光华：诗，酒或美食的欢乐》

单单就朋友间的交往而言，我在成都的日子里，跟石光华在一起的时间，比跟何小竹在一起的时间还要多。20世纪90年代末，在成都的诗人中，我、石光华、何小竹是要得最好的三个人。石光华和小竹先好，跟着我才和石光华好。我所说的好，不是指相互认识、甚至相互相通、倾慕，而是指相互泡在了一起，相互得离不得，又相互得烦。那是我所钟爱的年代和朋友。

——杨黎《灿烂》

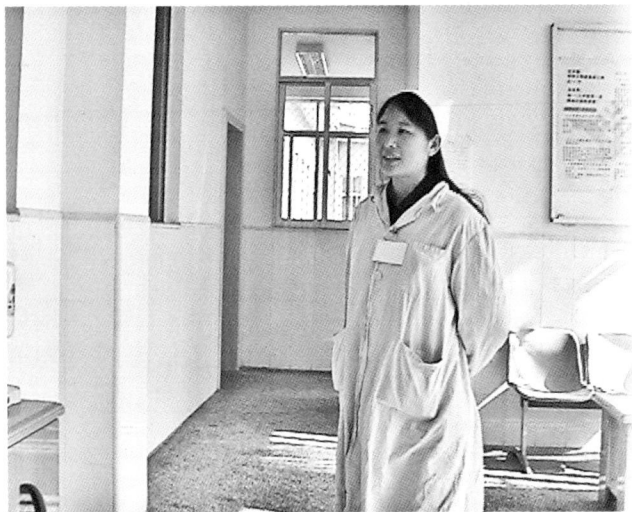

80 年代的小安，越来越多的人喜欢她写的东西。她在成都某精神病院当护士，快 28 年了。

在她的笔下，"疯子"们的生活是快乐的，这种快乐也常常感染到我们的安护士。小安自己就说过，她其实喜欢与这些"疯子"呆在一起，并不讨厌自己的这份工作。这是由衷的话。

——何小竹《四医院的小安》

1986 年年初，小安开始写诗，并且很快写出十几首来。当时我们恰好在办《非非》，我从中选了几首，刊发出来。就这几首不太成熟的诗，却大大地显露了她在诗歌创作上的才华。于坚、何小竹等人看了后，给了她很高的评价。事隔一个月，当《非非》正在全国产生影响的时候，小安写出了《种烟叶的女人》。小安没有多好的学问，她只有独立面对诗歌的本事，以及眼睛和心灵。所以，从《种烟叶的女人》到《死了一个和尚》，她所有的诗歌，都是空穴来风，天然而成。有这种才华的诗人是真正的诗人，但他们大多被 1980 年代吵吵闹闹的那一面所淹没。

——杨黎《灿烂》

刘涛与潇潇，1980年代成都众多美女诗人中的两个。

潇潇是四川人，长得也像，皮肤白白的，眼睛大大的，很水灵。但是一接触，才感觉到这小女子有一股豪爽气，有北方人的性格。

——潞潞《读潇潇的诗，我有一种心痛的感觉》

刘涛也是"非非"重要的诗人之一，但是，在我看来，她进入非非之后的诗歌，并不太非非。相反的是，在离开诗坛日久，重新开始写作之后，她的诗才非非起来。

——翟永明《白夜往事》

真正的诗人总是和女人在一起，就像真正的诗歌总是和女人在一起一样。特别是第三代人，想一想，是不是每一件事情都紧密地联系在一起呢？万夏最早去找帅青，找出了第三代人的最初命名。我是说就诗歌方面而言。然后万夏去找刘涛，又在刘涛那儿看见了我的《怪客》。就这样，我们很快成了朋友，成了诗歌上的同志。

——杨黎《灿烂》

73

2001 年，在橡皮酒吧门前，杨黎、小孔、离、乌青、水上漂、吉木狼格、龚静染。

2001 年五一期间，我从济南坐火车到了成都。当时乌青和诗人杨黎、何小竹、韩东等人已经创办橡皮先锋文学网，乌青出任 CEO。那时，我也写诗，完全是因为受了乌青的影响。

——六回《读点废话诗让生活不再像一句废话》

多年后，有人说你开过橡皮酒吧，那是好时光吗？我说：那一般，它和橡皮文学网也关系不大。也就在多年之后，在经常在橡皮酒吧喝酒的朋友，都分散在了全国各地，尽管我们也经常见面，那是在全国各个的酒吧，尤其北京。

——杨黎《灿烂》

我 1980 年代到成都出差，落脚点之一便是仲敏水电校的单身宿舍。我们一起聊诗歌，聊女人，聊到深夜，便用电炉煮面条吃。他个子不高，但走路的派头俨然大汉的样子，眼神中充满傲慢与不屑。他写诗的时候，桌上必放一面镜子，一边写一边看镜中的自己，并由衷地赞叹："好一张大师的脸！"

——何小竹《尚仲敏：好一张大师的脸》

1985 年在重庆，尚仲敏和他最早的诗歌伙伴燕晓东办了一张《大学生诗报》。在这张报纸上，他们俩发表了一篇关于大学生诗派宣言那样的文章。这张报纸和这篇文章的价值体现在以下三个方面：一是创立了真正的、有地下性质的大学生诗派；二是确定了于坚在这个诗派中的领袖地位；三是燕晓东和尚仲敏获得了他们的第一次诗歌成就。那个时候，尚仲敏和燕晓东都只有 21 岁。

——杨黎《灿烂》

尚仲敏，80 年代大学生诗歌领袖之一。2001 年在成都。

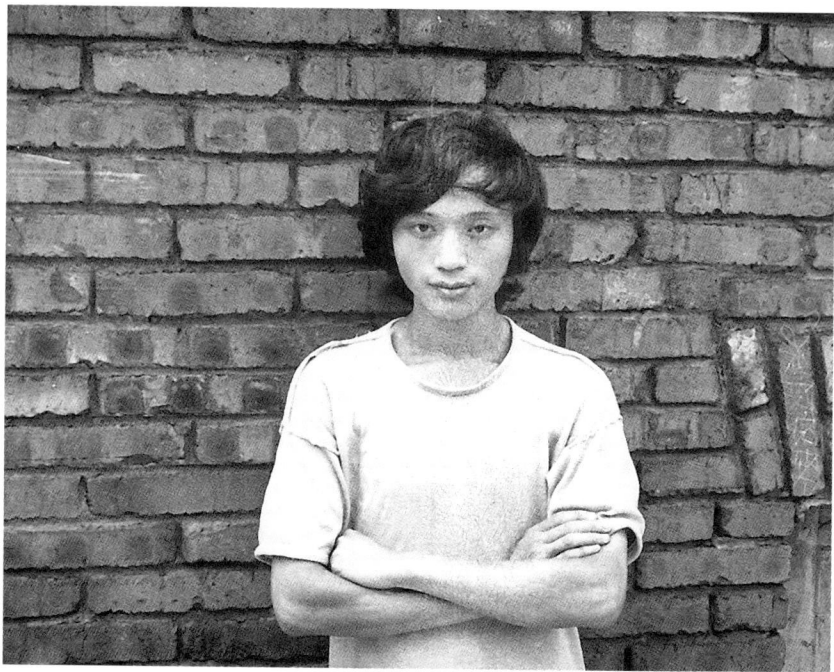

宋渠在沐川自家的红房子前。

早在 1982 年，宋渠、宋炜两兄弟就喊出了这样的口号——"这是一个需要史诗的时代"，并提出了"对传统需要做出新的判断。历史上被忽略了的一切都应该新得到承认"的主张。

——刘波《第三代诗歌研究》

1983 年的四川沐川小县，突然出现了两个十八九岁的诗歌兄弟，那就是宋渠宋炜。他们以漫长的诗句和玄秘的反思，引起了许多同行和读者的注意，可谓少年得志，那时候他们虽然才 17 岁，但是大部分在文学上的成熟性有些就超过了杨炼、江河。后来，他们和石光华提出了整体主义。

——万夏《苍蝇馆》

最近两三年，宋炜写出了一些新诗，背景都是他当下生活的重庆，语言上自然跟《家语》不是一个系统。但我却从中感受到与《家语》一脉相承的精神内涵。

——何小竹《内心纯洁的宋炜》

1986 年，宋渠、宋炜、石光华、万夏刘太亨一起办起了《汉诗》。1993 年，宋炜离开沐川到了成都，他们又一起坐起来书生意。1995 年，宋炜又离开成都到了北京。宋炜无论是人也好，诗也好，大家都比较服，那是真正发自内心的欣赏。那时的渠炜正散发着天才的光芒。

——万夏《苍蝇馆》

1993 年，宋炜离开沐川到了成都，跟石光华、万夏一起做起了出版生意。1995 年，他又离开成都到了北京。这是宋炜在河北白洋淀。

'96 10 1

1993 年的宋炜到了成都后，就再也没有回沐川。不仅如此，他还将宋渠也叫上了成都。

整体主义的兄弟们——石光华、宋炜、宋渠、刘太亨长相接近，整体清癯，浑身上下一股道士味，一出手就是大格局，知识面涵盖占卜、节气、风水、太极、采占，诗里面好多字都很生僻，要查古汉语字典方可一知半解。

——马松《灿烂》

石光华上任四川省青年诗人协会代秘书长之后，就他自己而言，他只干了两件事。第一件事是和万夏联手，第二件事是把宋炜从沐川喊到成都来。1993 年宋炜到了成都后，就再也没有回过沐川。不仅如此，他还将宋渠也叫到了成都。

——杨黎《灿烂》

78

1986 年，宋炜随万夏来到涪陵，第一次见面，见他胸前挂着一只钢笔，钢笔装在毛线编织的笔套里。然后一起在朋友幺六家吃火锅，果然如传说中那样，妙语连珠，才华横溢。

——何小竹《内心纯洁的宋炜》

宋炜属于"整体主义"，是该诗派的代表诗人。其诗派首领、理论家石光华有一句流传甚广的话："人学万夏，诗学宋炜。"是被诸多诗人称为天才的诗人。他的"整体主义"诗歌代表作《家语》，写于 1986 年，至今读来仍感新鲜。崇尚古风，浸淫于东方文化的宋炜，直到 28 岁才被一医科女硕士破了童子之身。然后一发不可收，后来居上，比任何人都热爱女性，其程度近乎疯狂，生活非常极端化。

——何小竹《莽汉、非非与整体》

1998 年，在北京，宋炜和万夏。

要分帮派的话，宋炜属于"整体主义"，是该诗派的代表诗人。其诗派首领、理论家石光华有一句流传甚广的话："人学万夏，诗学宋炜。"

　　——何小竹《内心纯洁的宋炜》

　　万夏的所有诗歌，无论是"莽汉"的还是"汉诗"的，说到底，都是花花公子的。没有"花花"，他就不足以为公子（最多是一个上进青年），更不可能写出《断齿》（1982年的抒情）、《打击乐》（大脚农妇之歌）和《吕布之香》（想象中英雄的另一种唱吟）。特别是《吕布之香》，我认为应该是中国的花花公子最好的诗篇，是"莽汉"和中国才子文化完整的结合。其实也是这种结合，才有了万夏。

　　我突然想起了贾宝玉。大观园中那个多愁善感的美少年，原来和万夏有一种非常特殊的联系。我并不是在这里搞说法，我只是突然就有了这个联想，而且觉得它是有道理的。至少我觉得万夏生命中最重要的两个人，比如"莽汉"时期的胡冬和"汉诗"时期的宋炜，就这一点而言，（和万夏相比）没有什么地方能够比他更像贾宝玉。但是，贾宝玉不是花花公子。

　　——杨黎《灿烂》

1986年，万夏与宋渠宋炜在沐川，这时整体主义正过渡为汉诗。

2000 年春节，在成都：左起万夏、黄利抱着他们的儿子万少一，杨黎、石光华和他的女友卢晓涛。

就在我正要出发去上海的那天早上，我刚刚打开手机，就接到了万夏的电话。电话里，他告诉我，陆晓涛昨天晚上在成雅高速公路上去世了，因为车祸。这是一个令我震惊的噩耗。时至今天，当我写到这里时，心里都非常难受。

陆晓涛是石光华的女友，他们在一起已经六七年了。在这六七年里，我们（万夏、何小竹、王敏等）和她都处得非常的友好和熟悉。我问石光华："什么是死亡？"石光华说："死了就是死了，肉体的消失。"

——杨黎《灿烂》

83

2002 年，成都石经寺，刚刚失去女友的石光华在烧香。

2005 年，石光华与杨黎，在一桌羊肉火锅前。

出成都往东 30 多公里，刚上龙泉山脉不久，就有一座在成都人心目中非常灵的庙子。这座庙子的名字叫石经寺。在去石经寺的路上，石光华亲口对我说过，这些天都梦见她。我没有问石光华烧香的时候心里说了些什么，我也没有问他烧了香后，还梦见过她没有。我觉得这些事情是不能问的，就像不能问烧香有没有用一样。如果问了，真是罪过，罪过。

——杨黎《灿烂》

大约 2000 年左右，石光华开始写作《我的川菜生活》一书，并因这部书的出版而成为著名美食家。他的嘴不仅能损人，也能养人了。

——何小竹《石光华的嘴》

喝酒、打麻将和下棋是四川诗人的几大人生主题。2002 年，石光华和龚静染在下围棋。

在经历了一系列的诸如办报，办杂志、写剧本等一系列营生之后，石光华终于找到了一个最适合他的位置：在伙食中拈伙食。并且，还成了权威。以至于朋友聚会，只要他在场，无人敢擅自点菜。

——翟永明《白夜谭》

有一次我忽然想到石光华，不知道现在他在干什么？那时已经快过年了，是下午。我想他可能正和龚静染、蒋荣他们在一起，在喝茶，或者没有。但是，我相信，就是现在没有，到了晚上他们也会在一起喝酒。

——杨黎《灿烂》

1985年1月，以万夏为首的几个诗人艰苦卓绝地集资自行出版了《现代主义同盟》（现代诗内部交流资料）。这期刊物，不仅出现了"第三代人"的划分，而且更具有价值的是它以"亚洲铜"为栏，一次性刊出了欧阳江河、石光华、宋渠、宋炜、黎正光、牛波、周伦佑、海子等诗人的八篇东方式的"现代大赋"。

——徐敬亚
《圭臬之死》

有杨然、万夏、石光华喝酒的夜晚 / 成都的月亮也会扁了又扁

——杨然《有杨然、万夏、石光华喝酒的夜晚》

瘦，是80年代诗人的特色，王敏是个瘦高个，万夏也是瘦高个，柏桦瘦弱温和又斯文，何小竹瘦的像个坏青年，李亚伟吃了肥肉，还是那么瘦，王琪博精瘦，何小竹读过《怪客》没见过我之前，也认为我是个瘦高个。实际上我胖。

——杨黎《灿烂》

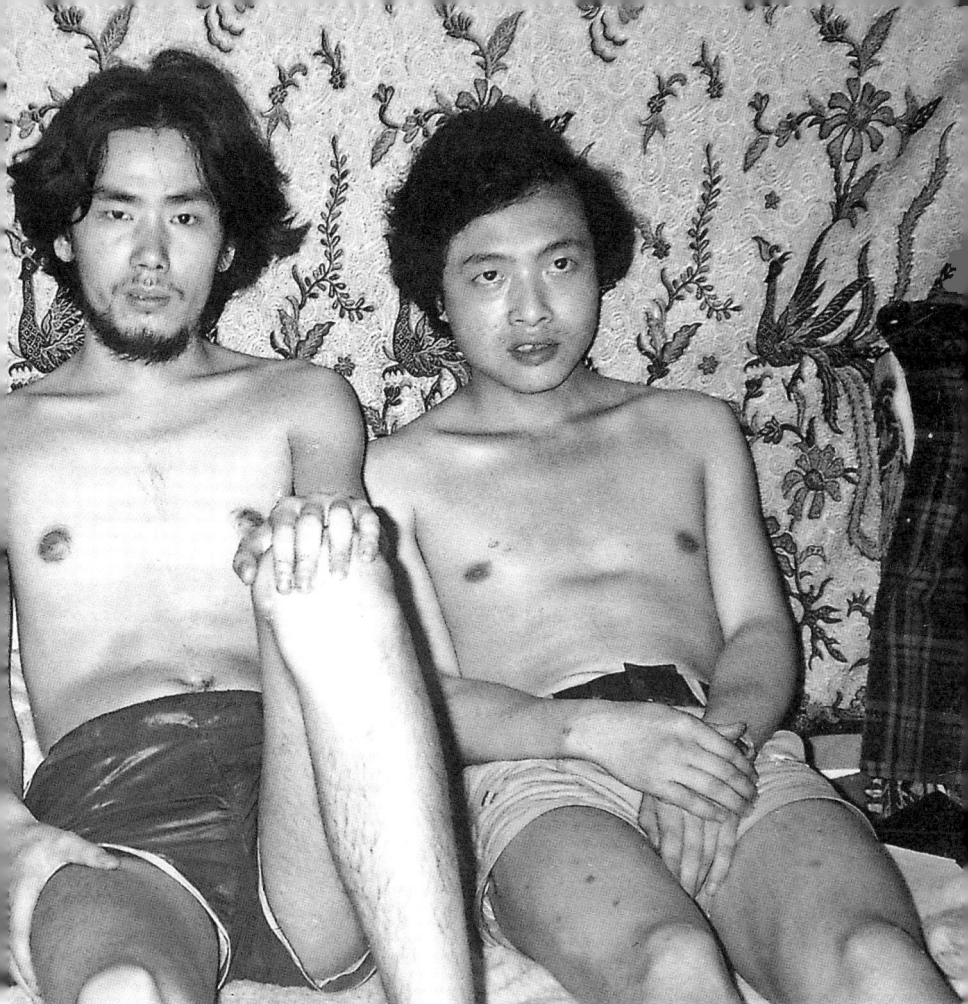

万夏当年在《诗人无饭》里写到，"你太瘦弱，不能再喝汤了"。瘦，是1980年代诗人的特色。1986年，成都。左起石光华、万夏、文林。

那时候我其实有点怕和石光华谈话，我怕我们的谈话涉及和他相恋六年的不幸去世的陆晓涛，引起他的伤心。我害怕看见他的伤心。当然，后来证明我的担心是多余的。石光华毕竟是石光华，毕竟是搞了多年整体主义的人，对生命、对死亡、对伤感都有自己的处理方式。那是一种认知，更是一种境界，是一种真正的面对。

——杨黎《灿烂》

1986年，刘太亨是重庆三军医大的医生，整体主义诗人，现在是著名图书策划人。

　　刘太亨在西南医院的单身宿舍成了重庆 1980 年代的重要诗歌驿站，来自全国各地的诗友一到重庆必然先去太亨处落脚。那是一幢木结构房的二楼中间的一间房，总面积不到 15 平方米。几乎天天有酒局，夜夜有沙哑的歌声和朗诵声。

——王琪博《往事的背后有条小路》

　　在我和小安的关系中，刘太亨起了非常重要的作用。对于小安那样的人，如果没有刘太亨以一个媒人的身份在中间周旋的话，我们要想有决定性的发展，是需要很长的时间的。在当时，小安的诗歌才华，完全被她身边的刘太亨以及他们的整体主义所淹没。大名鼎鼎的餐馆香积橱就是整体主义诗人刘太亨创办的。

——杨黎《灿烂》

80 年代的整体主义诗人——张瑜。

　　整体主义其实是个诗歌流派，因为它不仅仅是对诗的认识，它实际上是对文化的认识，对世界的认识。《汉诗》被办成一个整体主义的流派刊物，其实已经和石光华他们刚开始提出的整体主义有区别了，缺少了整体主义的精神。

——杨黎《灿烂》

80 年代的席永军。

80 年代的席永军，和陈瑞生同为邛崃人，整体主义诗人。

——何小竹
《莽汉、非非与整体》

整体主义的旗手、天才诗人宋渠、宋炜兄弟以及刘太亨、张渝、席永君、陈瑞生、张孝等也常常出入于青石桥的这些茶馆和花鸟鱼虫之间，自然让这里成了中国整体主义的发源地。中国当代先锋诗歌，已经有了两大流派盘踞在盐市口了。

——万夏《苍蝇馆》

整体主义有一个最根本的东西，就是人只能在人的意识中，而意识就是语言，只能在语言的层面上把握整体。这个是其中的最根本的原则，就是整体主义的核心。它的完整表述是，在人的意识层上把存在把握成一个整体，就是你不可能超越人之外、人的意识之外。那个时候万夏的诗歌也开始倾向于整体，因为他跟石光华、宋渠宋炜的接触更多，写作也更多地倾向于他们。再加上邛崃的几个小哥们——席永军啊，陈瑞生啊，加上重庆的刘太亨和张渝，有的是原来的朋友，有的还是亲戚，这些关系就形成了一帮人。

——杨黎《灿烂》

1980 年代的陈瑞生。

1985 年，翟永明，欧阳江河，张枣，著名"四川五君"中的三人，在成都。

那时候，大家都混在一起，写作、聊天、日常生活、不同写法、不同流派的诗人都混在一起，那时也没有手机呀网络啊之类的东西，大家就奔走在见面的路上，你来我往，不少诗人基本上天天见。

——欧阳江河《答＜经济观察报＞问》

在 1984 年至 1985 年，四川的诗人们纷纷有了集体的归属。江河、翟永明、钟鸣、柏桦和张枣，先是被称为"四川五君"，后来又有了孙文波和廖希，称为"四川七君"。不过作为每一个个体的诗人，张枣，柏桦，欧阳江河，孙文波，翟永明和钟鸣，在当代中国诗歌史上，绕不开他们的名字，无论过去还是现在还是未来都极为重要，其间不乏天才诗人和大诗人。

——赵野《一些云烟，一些树》

"四川五君"刚开始的主要人是欧阳江河、翟永明、孙文波，柏桦要晚一点，他是 1986 年才到成都，不过他来了之后，很快就成了这个群体的中心。相比莽汉、整体主义和非非，"四川五君"显得松散的多。

——万夏《苍蝇馆》

1988 年，成都。左起：柏桦、赵野、钟鸣。柏桦和钟鸣为＂四川五君＂之二。　　　　肖全 摄影

朋友们都说钟鸣可以自已办一个＂点子公司＂，他有无穷无尽的＂点子＂，而且，最终都浪费在口头上了。

——翟永明《白夜往事》

《第三代人》印出来后，我收到重庆诗人彭逸林热情洋溢的信，他盛赞了我在里面的那首长诗《随想》，并热烈的向我推荐柏桦的诗歌。没多久他和柏桦到了成都，从此我成了柏桦诗歌的热爱者，一直到今天。

——赵野《一些云烟，一些树》

1986 年, 欧阳江河、孙文波、彭逸林、万夏, 在孙文波家中。

1986 年, 万夏有一天突然对我说, 因为他家在成都市中心最热闹的地段, 外地来的写诗的人总是找他, 搞得他不单要管吃管住, 有些人离开时还要求他提供火车票。那时候万夏大学毕业后一直没有工作, 自己都穷得打鬼, 经

常如此他已经受不了，快崩溃了。他听说我一人住一套房子，且地点又远离市中区，就提出要到我那里躲闪一些时日。后来万夏在我那里住了半年左右，天天研究《周易》。

——孙文波《还有多少真相需要说明—回答张伟栋》

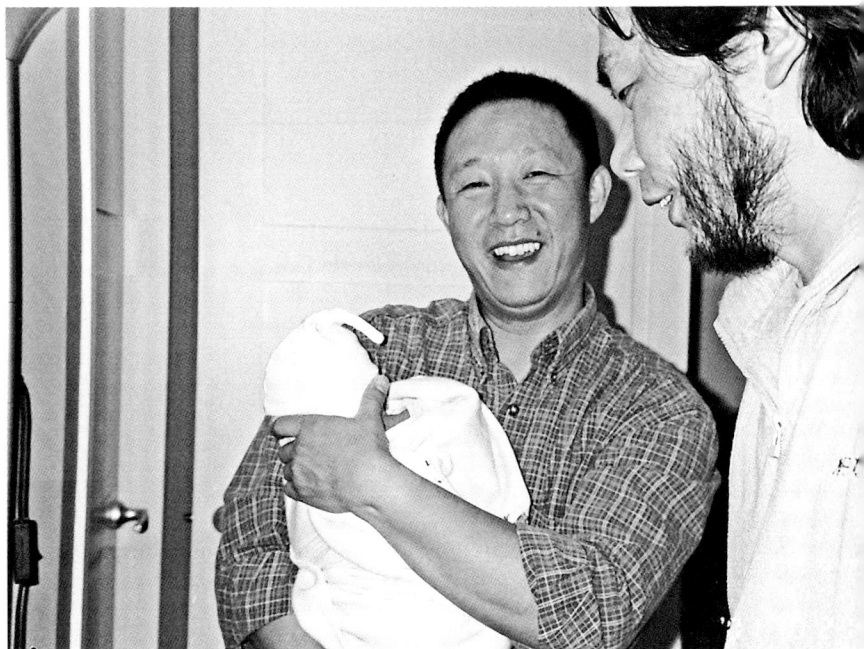

2000 年，在北京万夏家，欧阳江河抱着刚出生不久的万少一。

老实地说，1980 年代我只能算作热闹的四川诗
歌圈的边缘人，虽然与很多人认识，但他们那些在全
国搞出了动静的诗歌活动我基本上没有参加。

——孙文波《有哪些往事还没有说透》

欧阳江河在《悬棺》前听到了至高无上的寂静，"最高的寂静是在寂静之外"。他在生与死大反悖中飞翔。

——徐敬亚《圭臬之死》

我和乌青在罗马花园的路口上喊了一辆出租，然后我告诉他："去望京的大西洋新城。"万夏的办公室和家都在望京。这是一个有象征意味的地方，它是北京的希望之城。好多像万夏这样的外地人，居住在这个比很多小城市还要大的北京新区。他们说着各种不同的普通话，过着中产阶级的生活。这不是我说的，这是欧阳江河自己说的。因为他就住在万夏的旁边。

——杨黎《灿烂》

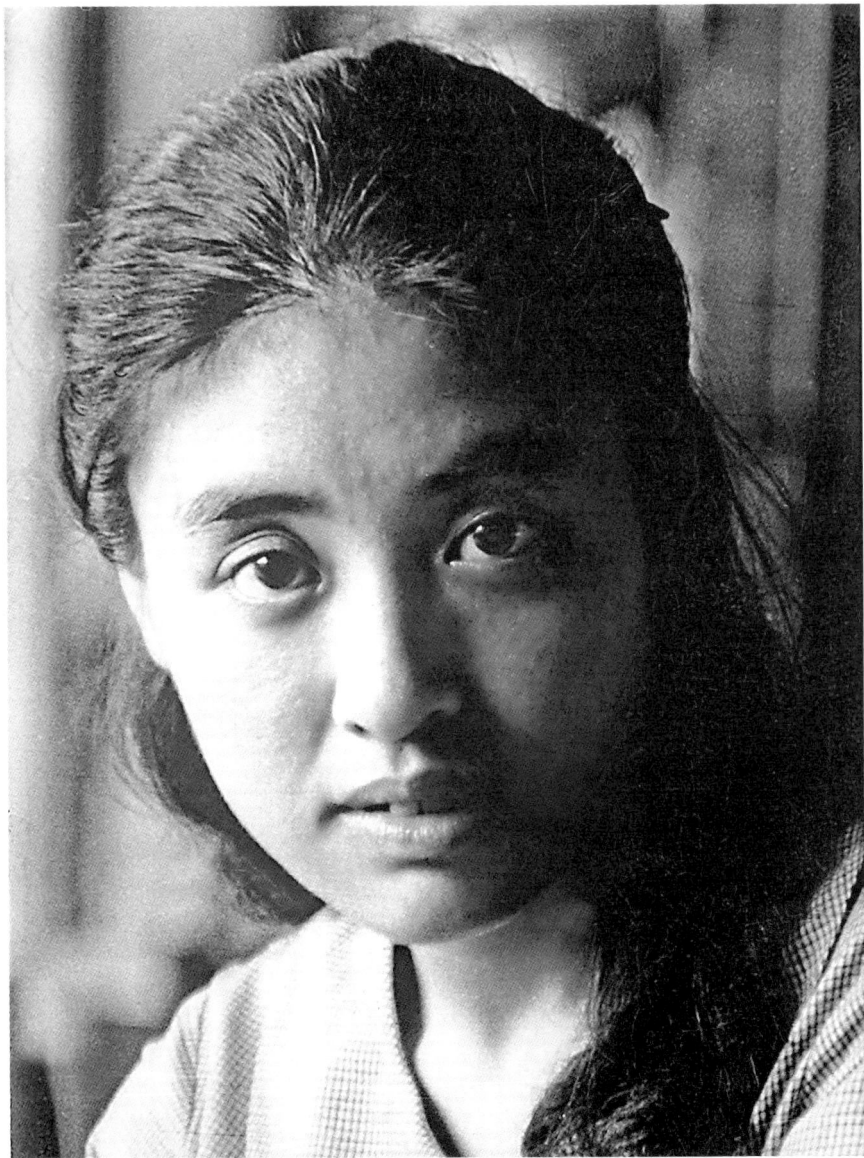

1980 年的翟永明，大家都亲切的叫她小翟。
1990 年后，人们开始叫她翟姐。

翟永明，伟大的翟姐，女诗人里面我没有见过比她更美的，只有在她身上，你才知道时间再无情也干不过诗。

——马松《灿烂》

翟永明和小君，1986 年。中国当时最受欢迎的两个女诗人，小君后来没有写了。

我们可以看到一些可能至今仍然在写作，或即使没有继续写作，但她们的诗歌却值得重读的女诗人的身影，她们是：王小妮、小君、陆忆敏、张真、唐亚平、林雪、海男等等。据我所知，进入九十年代，翟永明、王小妮、小安、虹影等人在她们的诗歌写作中推进了成熟的经验和技巧。

——周瓒《女性诗歌：可能的飞翔》

翟永明和小君，在 1986 年，她们两是当时中国最受欢迎的女诗人。1985 年韩东和小君已经结婚了，有很多朋友顾前、苏童、小海等经常到韩东家吃饭，那时候，他们家就成了一个固定的场所，一个沙龙。响应韩东的号召，给《他们》写作。

——杨黎《灿烂》

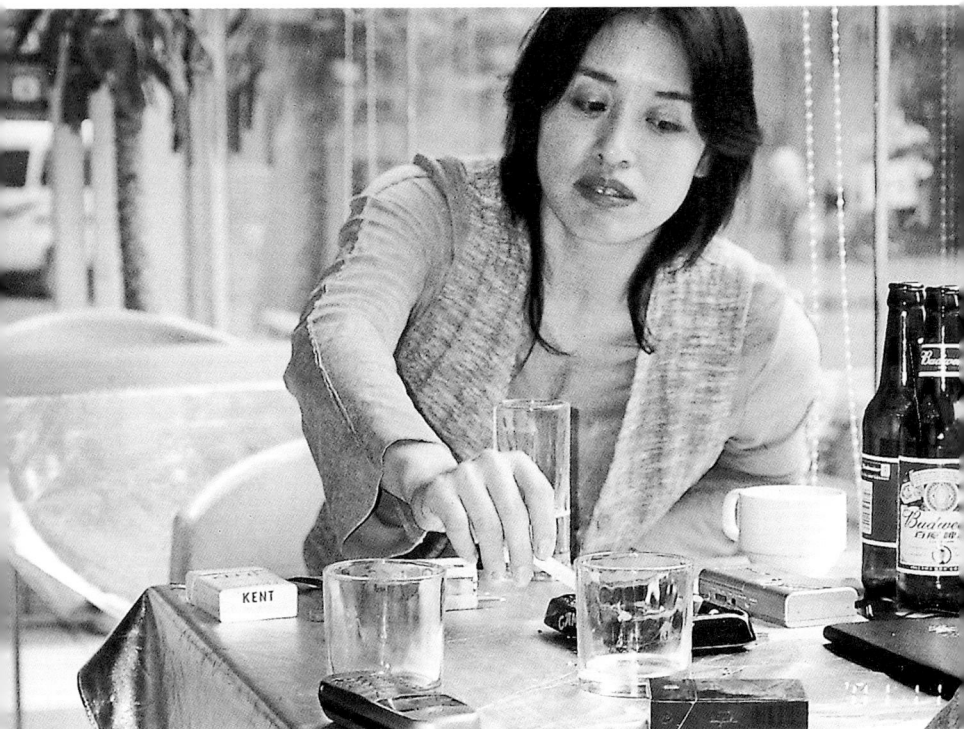

2001 年，翟永明，在成都她自己的白夜酒吧中。

翟永明的风采令我叹为观止，我不免跟前跟后。
为和我保持距离，翟姐说我是个小孩，并自称姑姑。

——韩东《<他们>或"他们"》

白夜酒吧已经办了 15 年多了。2001 年 5 月 8 日，
就是白夜的三周年纪念日，也是何小竹 38 岁的生日。
那天晚上在白夜好多人哦。一方面为白夜祝福，另一
放面是为了何小竹。翟永明用她的数码摄像机，把我
们都拍在了里面。我后来看了这一录像，虽然没有过
去多久，却又像是很久以前。无话可说。

——杨黎《灿烂》

柏桦九十年代辞去教职做了书商的写手，过了一段"颓废"的日子。后来，又重回大学当了教授。他又开始写诗了。

——何小竹《孤独而又热情奔放的柏桦》

有这样的一个说法：有水井处，皆有柳词。柳就是柳永的柳，宋朝的一个风流诗人。千年之后，同样渴望风流的抒情诗人柏桦，在成都的一家夜总会，拉着一位女孩的手，轻轻地背诵着自己的诗篇。一种白色的情绪，一种无法表达的情绪，使女孩缺少阳光的眼睛，慢慢地变得明亮，变得深刻、幽怨和水灵了。柏桦说，准确地说，是柏桦对石光华说，她有感觉，真的有，我看得出来。

——杨黎《灿烂》

1990 年代在家中的柏桦，现在为西南交通大学当代文学的教授。

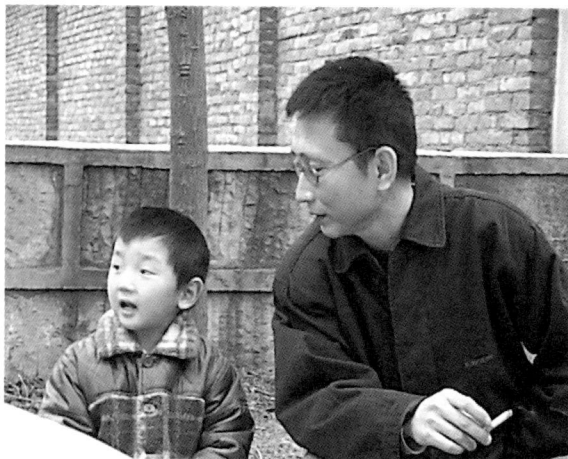

柏桦和儿子柏慢。

他有了儿子柏慢。他说取名"慢"，是因为自己性子太急了，希望儿子"慢"。柏慢小时顽皮任性，他总是全力满足。我半夜三更从酒吧回家的时候，多次看见他背着装有奶瓶和玩具的背包，手里抱着儿子出门。我问他这么晚了还要去哪里？他说，柏慢要去天府广场。

——何小竹《孤独而又热情奔放的柏桦》

我曾经听何小竹谈起过柏桦，说他常常半夜三更了，还一个人跑到一家"苍蝇馆"喝闷酒。一个已经快50岁的人了，以他的诗歌才华和贡献，应该是什么样呢？但他什么也没有，他只是靠自己的脑子和手，在干着他必须干的工作。如果说他以前的目的非常简单，那么他现在的目的还是非常简单：以前是要让自己活下去，现在是要让自己好好地活下去。因为现在他已经有了孩子。柏桦的孩子叫柏慢，一个聪明漂亮的小男孩。

——杨黎《灿烂》

1993 年，左起柏桦、张枣、钟鸣、欧阳江河在成都。 肖全 摄影

"五君子"个性鲜明，风格各异，保持着一种魏晋文人式的交往，谈诗歌，谈写作。如今一位已经骑马远去。

——豆瓣"四川五君子"小组

放眼 1980 年代那些风云人物，像柏桦这样的人，我没有看见几个。在他们的面前叫嚣诗歌的理想，叫嚣坚持，真可以说是可耻之徒。欧阳江河曾经说柏桦放弃写作是一个谜，他和柏桦这么多年的交往，难道还不了解柏桦的情况吗？首先是养活自己，是吃饭，是不要饿死。这最起码的东西，无法令今天想象的事情，在上个世纪 90 年代初，却明明白白地摆在许多第三代人的面前。

——杨黎《灿烂》

张枣真是一个语言天才，也是一个掺粉子的高
手。他中学学的是俄语，大学学的是英语，而读研究
生他又学的是德语，后来我发现他还会说非常流利的
韩语，再加上中国本土的汉语，他会五种语言。当
然，他的美女们恐怕不会少于五个民族。

——万夏《苍蝇馆》

　　技术这个平庸的东西，对于一个诗人究竟有什么
价值？它对于一个油漆匠而言，可能是非常重要的。它
对于张枣，对于他的写作，对于他那首在柏桦的《表
达》直接影响下而写出的《何人斯》，以及同类的许多
东西，技术是必然的。重复对他人的阅读，把别人的写
作烂熟于胸，使 A 这一方法转化为 B，又把 B 那种方
法演变成 C，最后成为《镜中》，成为《灯芯绒幸福的
舞蹈》。写作对于他们来说，的确是一门艰深的学问。

——张家百《回忆 1980 年代的四川诗歌》

1993 年张枣在成都。 肖全 摄影

1980年，在四川外语学院的张枣，眼中有的是对未来淡淡的忧伤。

他那时才 21 岁，可我却在他眼神的周遭，略略感觉到几丝死亡之甜的暗影。他的嘴和下巴是典型的大诗人才具有的——自信、雄浑、有力、傲慢而优雅，微笑漾溢着性感。但当时他太年轻了，这一特点才初显端倪，他不能象日后那样自如地运用这一魅力。

——柏桦《回忆张枣》

　　1983 年，欧阳江河通过柏桦认识了张枣，当时张枣还在川外，已经写出了《镜中》，后来又写出了《何人斯》。《何人斯》是张枣早期写的最好的诗。

——漆维《张枣》

1986 年秋天，张枣在德国。这张照片背后写有一句
话"另一个骑手……""柏桦惠存"。

在某个深夜，在重庆，在歌乐山，他曾拍着一株幼树的叶
子，说："看，这一刻已经死了，我再拍，已是另一个时间。"

——柏桦《张枣，你在哪里》

柏桦是一个非常有影响力的人。凡是和柏桦有所接触的
人，都多多少少会受到柏桦的影响。比如，说话的方式，思考
问题的角度，直到诗歌。接受柏桦这种影响的人，在中国的诗
歌圈子里，有很大的一批。其中最著名的，就是张枣。

——杨黎《灿烂》

作为每一个个体的诗人，张枣、柏桦、欧阳江河、孙文波、翟永明和钟鸣，在当代中国诗歌史上，绕不开他们的名字。

——赵野《一些树，一些烟云》

四川五君是柏桦、钟鸣、张枣、小翟和欧阳江河，加上廖希和孙文波，后来就有了七君子。当时他们都在一起耍，尽管对于孙文波后来的写作，欧阳江河江河持肯定态度，而廖希也被排除在外，所以欧阳江河说：从真正意义上讲，七君子不存在，存在的是五君子。

——张家百《回忆 1980 年代的四川诗歌》

1988年，孙文波、柏桦、张枣在成都。

柏桦、张枣，张奇开，德国图宾根森林边。

"死水"的生活本身就是一个活生生的反讽、刺激和震惊！我生活的沸点，我的现代启示在哪里呢……我突然想到另一位诗人，张枣！

——柏桦《左边，毛泽东时代的抒情诗人》

欧阳江河比较喜欢张枣的诗，他曾经跟我这样谈过：他颓废，而且这颓废是我也没办法去评价。但是这个人的写作，他是一个很高级的知识分子，是一个了不起的知识分子，中国文学史上，中国诗歌史上，确实是很多重要的人我都碰到，但真正称得上高级知识分子的没有几个，他一个，西川一个。张枣的修养很全面，张枣敏感，我觉得他的语言能力、他在诗歌中呈现出的词的状况绝非等闲。

——杨黎《灿烂》

中午和张枣，晚上和柏桦，算起来差不多 12 小时内至少干掉了三斤白酒，那阵子真的年轻气盛啊！时间成了我们最大的奢侈品，而美酒、梦想、银子、诗歌和女孩子统统不够用，太挥霍了。

——万夏《苍蝇馆》

1999 年，柏桦和张枣在大连。

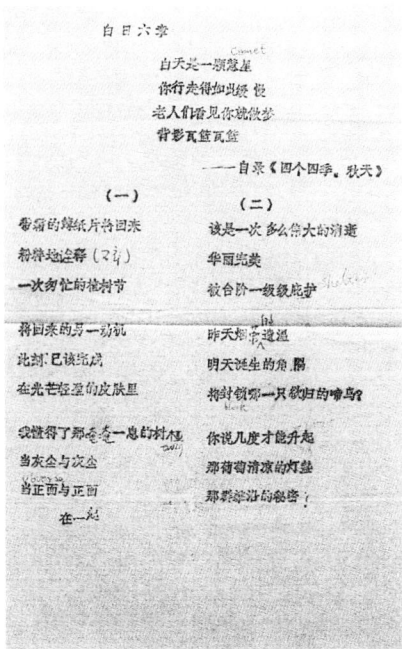

1986 年，欧阳江河来重庆西南师范大学做"离经叛道"的现代诗讲演（这种类型的讲演在稍后的 1985—1986 年曾风靡全国，"非非"领袖周伦佑也曾在"非非"创始的前夜来过此地进行演讲），我们三人相聚，形成我当时最核心的诗歌圈子。张枣就在这时读到了让他吃惊的《悬棺》（欧阳江河早期名作），同时在周忠陵处油印了他的第一本个人诗集《四月诗选》，这是他献给当时正风云际会的诗坛的第一份见面礼。图为其中的一页。

——柏桦《张枣》

1984 年 4 月的一天，张枣和我在重庆西南师范大学我的陋室里做第一次彻夜谈，他在这张纸上写下如许神秘的文字。图上的这片树叶是张枣同年 11 月一次深夜和我在歌乐山（他读研究生的四川外语学院附近）散步交谈时，从地上拾起的两片落叶之一，他说要我保留一片，他保留另一片，并以此作为我俩永恒友谊的见证。

——柏桦《忆江南：给张枣》

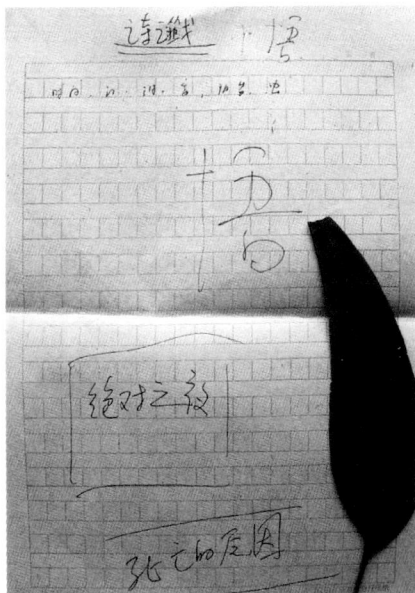

2000年，北京。张枣在万夏家中。怀里抱着万少一。

经过一场猛烈的师生恋后，张枣和他的德国
女老师结婚，并于1987年移民德国，十多年后他
才回国，一个头有些秃的黑胖子，已是两个孩子
的父亲。万夏和宋炜曾为了吃一次地道的重庆火
锅，坐了一夜火车从成都赶到重庆，并叫上了刘
太亨他们，到川外张枣那边去找张枣。后来据张
枣回忆，那次火锅几乎吃掉了他一个月的工资。

——漆维《1980年代的四川诗歌》

2001 年，孙文波和万夏在北京上苑。

　　从前灌二两黄汤就走路打偏偏的孙文波现今酒量大长，每次回成都，我、光华和他都要聚聚，酒场上他也不闪，直到我们最后一起抵达光华的"客厅"。

——吴克勤《石光华：诗，酒或美食的欢乐》

1980 年代，"非非"的人一般在古卧龙桥街的右端喝酒，而"整体"的人一般在左端喝酒。有一次外省来了一个女诗人，找万夏不遇，万夏他母亲就叫她到街上的几家"苍蝇馆"去看看。她先去的右边一家馆子，看见有几个人很像，结果一问，是蓝马、吉木狼格、何小竹、尚仲敏、小安和刘涛一群。当时我也在，所以我就把她往左边带。在街的左端的一家馆子里，果然找到了万夏。他正和石光华、宋炜、潘家柱、孙文波在一起。于是两边合成一边，再叫来了柏桦、马松、翟永明等人。重新上酒，重新点菜，好不快活。如今万夏、孙文波都在北京，我也在北京，何小竹也要来北京了，另外不在北京常住的人也经常来北京，仍然是好不快活。

　　　　　　　——张家百《回忆 1980 年代的四川诗歌》

1980 年代长江边上的赵野，第三代人诗歌运动发起人之一。

谈得兴起，他们在江边捡来漂流木，生起了一堆熊熊篝火。也就在篝火边，赵野提出了"第三代诗人"这个已经进入中国当代文学史的词。

——肖海生《赵野很早就确定了人生的两个底线：自由，尊严》

1984 年秋天，诗协领导班子改组失败后，我和万夏、赵野漫步在黑漆漆的川大校园里，我们决定，我们自己办刊物，就叫"第三代人同盟"。自己选择自己的道路，自己为自己做主，自己办自己的刊物。万夏说，这也是陈礼蓉他们智协的意思，他们会在经济上给予我们大力的支持。深冬的夜晚，风很冷，我们的脸却热乎乎的。

真他妈热啊。我们需要的方向，已经明确地摆在了我们的路上。

——杨黎《灿烂》

2001年，在北京接受采访，谈到过去，赵野充满激情。

从单位出来后，赵野回到成都，诗人钟鸣给他找了间房子安顿下，做点儿翻译，钱够用就行，其余时间就是写诗，写好了就骑上自行车，满城去念给朋友听。

——肖海生《赵野很早就确定了人生的两个底线：自由，尊严》

在少女帅青的引见下，万夏、胡冬和廖希认识了。第二个月之后，万夏带着他的南充方面军来到了重庆，胡冬和赵野带着他们的成都方面军也来到了重庆。在重庆西南师范大学，廖希带着重庆的弟兄们，热情地接待了成都和南充的兄弟伙。

十多年后，诗人柏桦在他的《左边》里，对这次聚会做了如下描述。他写道："这是一次盛况空前的青春飞行聚会，一次诗歌最红色的火线聚会。近三十名诗人聚集在西南师范大学桃园学生宿舍。学生们变卖衣服、收集饭票、腾空房间，以这种学生特有的，1980年代初的隆重方式欢迎这批诗歌中的'红军之鹰'。他们一道唱起了《少年先锋队之歌》或《青年近卫军之歌》。"也就是在这个聚会上，第三代人被正式提出。

——柏桦《左边：毛泽东时代的抒情诗人》

1980年代的肖全，中国第三代人影像的忠实记录者。

1986年，《星星诗刊》评了中国十佳诗人，北岛、顾城、舒婷来了，柏桦、欧阳江河，还有钟鸣、翟永明都在，他们混在一起喝茶、饮酒、唱歌，以这种朋友的方式，我开始了他们的拍摄。

——肖全《我们这一代》

有一天，正骑着一辆破自行车在街头飞奔的肖全，被一个洪亮的声音喊住了："肖全，老子把你拍的照片登在《象罔》上了，你龟儿子马上就要出大名了。"这个喊他的人，就是钟鸣。

——洁尘《口述》

正如肖全所说：真正鼓励我的是柏桦，一个非常纯净、敏感和脆弱的诗人。1986 年他还在四川大学读研究生，拍了他之后，他和当时同样是名诗人的张枣，在路灯下看了半个小时的照片，然后说，肖全，我一定要好好写诗来报答你，你一定会成为中国最好的人像摄影师，我一定会成为中国最好的现代诗人，你不要轻易给一个人拍照片，因为你给谁拍照片，一定是谁终身最好的照片。

——肖全《肖全：十年拍摄"我们这一代"》

1999年，老友相聚，其乐融融：万夏、胡小波、杨黎、马玉琼在成都白夜酒吧。

我和赵野、胡小波二人认识很早，这两个成都大学生诗歌圈子里的大小舵爷，一起搞过许多诗歌活动。特别是在年初成立四川青年诗协时，还一起联手。

——万夏《苍蝇馆》

　　胡小波是原来四川大学最后一个出名的诗人，从徐慧开始一路下来，分别有游小苏、胡冬、唐亚萍、文学、赵野，过了就是他。当然，我说的是他们那个"纯正"的圈子。在这个圈子里，胡小波几乎是年龄最小的一个。

　　现在的胡小波是个闲情逸致的人，过着资产阶级有礼有节的生活。当然，这只是他的一面。与众多的商人相比，他们有着天然的差别。不论是在好的方面还是坏的方面，他所做的和所想的，都远远高出那些人。就全国而言，曾经从事过先锋诗歌写作的人，干起其他事来，好像都有一种独特的东西。就是这些东西，帮助着他们的发展。

——杨黎《灿烂》

2002年，六一儿童节上，随歌起舞的野夫和杨黎。

野夫是 80 年代湖北的诗人，这几年写了一批至情至性、沉郁感人的散文。他的身世以及他紧贴着这个国家命运沉浮的半生，使他的文字有太多的沧桑和太深的忧思，这是他生命中无法卸去的"重"。

——赵野《一些云烟，一些树》

　　大学时期野夫身边有一帮弟兄有二十几个人，就酝酿成立诗社。后来 1981 年的时候正式成立了。他们成立了剥枣诗社，这个是来自诗经里的"八月剥枣"七月流火。这个诗社严格意义上虽然是写新诗的诗社，但是更像一个诗歌会道门，充满了江湖色彩。

——杨黎《灿烂》

2002 年，四川邛崃游。前排左起陈瑞生、杨黎、杨然，后排左起蒋荣、王敏、石光华。这张照片是永恒的纪念，悼念诗人蒋荣。

吃火锅，喝白酒，让两种辣辣在一起，感觉中是格外的香。龚静染和蒋荣，既是诗人，也是商人。但和我一样，主要还是耍家。是一种真正意义上的耍家，有经济基础和精神高度的耍家。我曾经非常迷恋这种生活，现在也迷恋。仅仅是经济基础被动摇了，才不得不暂时离开这种生活。想一想，人生三万天左右，不过是做一天和尚撞一天钟而已。对那些志存高远、抱负远大的人，我承认在内心中对他们保持着秘密的景仰。当然，说到交朋结友，说到打发日子，我还是喜欢龚静染和蒋荣他们。

这张照片是永恒的纪念，悼念诗人蒋荣。

——石光华《蒋荣兄弟》

2000年，北京孙文波上苑家中，左起为孙文波、程小蓓、胡续冬、马骅、万夏。

　　"第三代"诗歌流派，直接延续上了后来者的身影，比如韩东、于坚等诗人对后来宋晓贤、沈浩波等人的影响，已是既成事实。比如西川、王家新、肖开愚、海子等人对后来的桑克、胡续冬、姜涛等人的影响，也在诗坛上成为了一道风景。这些不容抹杀的影响，对于"第三代"诗人们来说，是一种精神慰藉，也是一种创作上的挑战。

——刘波《第三代诗歌研究》

杨黎在 1985，成都西大街 18 号：白天是
文学书屋，晚上和万夏一起开 Y 咖啡馆。

1980年大二的帅青，万夏的发小。第三代人诗歌运动的一个隐秘发起人。

我们的少女帅青，穿着一件淡蓝色的连衣裙，安静地坐在能够看见春熙路的位子上。这个时候，冷饮店的客人还那么稀少。这个时候，有两个风华正茂的少年，正穿过春熙路，向她走来。他们就是万夏和胡冬。长头发，牛仔裤和一件随便的衬衫。少女帅青向万夏和胡冬介绍说，他是廖希。

——杨黎《灿烂》

　　1985 年的冬天，在成都寒冷的街边小酒店里，胡冬半醉半醒地对我说："你一定要记着，那是偶然的。"他说的就是 1982 年夏天的那次聚会，他和万夏认识了廖希。我理解他的意思。但是，我更愿意这样来看这件事：因为少女帅青，使"第三代人"有了一个好的开始。我们本来就是喜欢美女的一代。

——唐继先《青春》

2001年的曾广谦，第三代诗歌的见证人和兄弟伙。

1990年代，"非非"、莽汉很多诗人都下海经商，李亚伟和周忠林在北京做书，后来又和邓曙光，开启了自己书商之路。万夏和曾广谦一起，莽汉基本上都下海了，除了二毛，而二毛后来也去办餐馆了。按照李亚伟的说法就是：这中间有个啥子呢，各人的命和运在里面，这他妈的。

——杨黎《灿烂》

我说：是啊，各人都有各人的命和运，就像有的人写诗，有的人不写诗一样。李亚伟说：就像有的人写好诗，有的人写臭诗一样。我问：谁写臭诗？李亚伟说：多着。我又问：谁又写好诗？李亚伟：这个不多。

——杨黎《灿烂》

杨路，第三代诗歌的见证人和兄弟伙。1997 年在四川阿坝，杨路和曾广谦的女儿曾妮。

1998 年，野夫、李亚伟、万夏、马辉东、兴安、陈琛、郭力家、宋炜、张小波等一起在万夏的生日酒会上。

如今，这些诗人均已年过 30，分居各地，娶妻养家，偶尔见面，颇有些"生活中的过来人"和修身、立家的衣冠味儿，一边感叹虎气和青春的渐逝，一面翘首思考着成熟和原则，神态犹豫而又狡黠。

——李亚伟《英雄与泼皮》

对郭力家的感觉和郭力家自己一样。除了他抽的骆驼牌香烟，让我觉得他的有钱（比我）外，其他还是一个第三代哥们应该的样子。当时（应该说一直）他就和李亚伟他们的"莽汉"关系深厚，大学期间信件往来就很多，甚至他也被别人认为就是一个东北的"莽汉"。至少我是这样认为的。而且，"莽汉"在整个东北的影响，和他的努力完全分不开。

——杨黎《灿烂》

那是 2001 年 11 月 3 日的下午，在北京旅游学院
里面，李亚伟的公司在那里，是旅游学院专门修来出
租的八间平房，李亚伟和陈深、郭力家他们把它们全
部包了下来。李亚伟是 5 号和 6 号两间，郭力家是 3
号和 4 号两间，陈深是 7 号和 8 号两间。另外两间是
他们的公用办公室。一进旅游学院的大门，就可以看
见右前方 200 米处，一排矮矮的平房，那就是他们的
办公室。这个办公室也是他们写诗的地方，更是他们
打牌的地方。张小波常常来这里打牌。

　　　　　　　　——尚红科《九十年代我们开创了什么》

2002 年，杨黎、郭力家、陈琛、野夫、李亚伟等在为生日举杯。

潘家柱对诗有一种更古典和素朴的看法，对汉诗江湖的美好梦想，对古代美女、剑侠、书生、乡绅的偏爱使他保留着汉族文人的传统品质。在一个全面消逝的古老中国的今天，他的诗被染上了古中求新的挽歌色彩。

2012年，潘家柱在上海。

肖开愚是最典型的上世纪九十年代诗人，如果九十年代诗歌能够在诗学意义上成立的话。肖开愚有意将他的诗打造成开阔、粗糙、扎实的模样，他的诗在一种"复杂性"的要求下显得生气勃勃充满活力，他关注的核心问题始终是诗人和社会之间的难以摆脱的对立关系。

2012年，肖开愚在北大讲课。

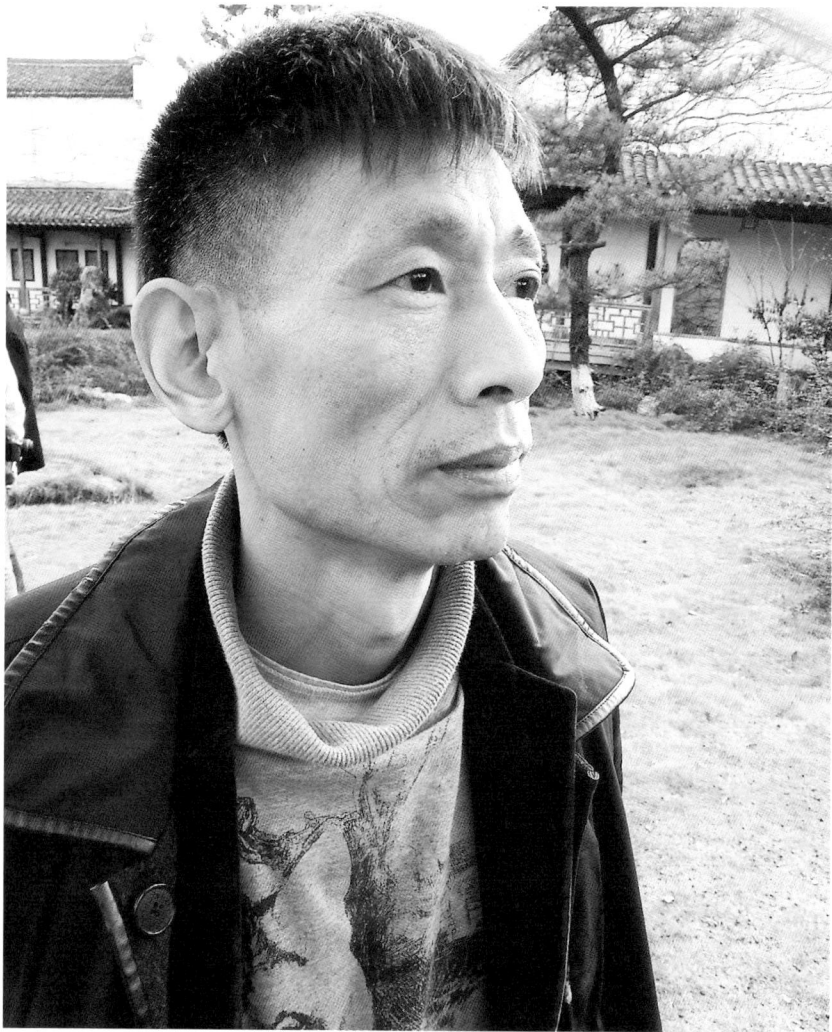

　　王琪博，江湖上人称王七婆。七婆乃赳赳奇男子，三十年来游走在诗与刀之间，过着刀头舐血臂上刻诗的生涯。写诗的时候他是琪博，玩刀的时刻他是七婆。其人身形陡峭，打眼望去便知是屠狗子弟，俨然浑水袍哥的范式。但是却胸罗锦绣，时常也不乏利口婆心之处。

　　在遍历甘苦之后，王琪博选择了回归青春钟爱的文学。他难得寂寞地整理完他的诗集《大系语》，在卷首献词中赫然写道——只要我一开始写诗，这个世界就要死人。

——野夫《乡关何处》

142

　　吕德安过着惹人羡慕的生活，总是在中美乡间自由穿梭。他在自己的桃花源里生活了十几年，躲开无数是非和论战，多少有几分仙气。他的诗同他温和而谦卑的性格一样，在世人中赢得极好的口碑，他是最"生活"的一位诗人，他在北京过着悠闲的画家生活。

——百度词条

1986，翟永明、于坚、韩东在太原。单从这张照片看，他们显得有点青涩。但是，就是在那一年，他们和许多第三代诗人一样，已经在中国诗歌届登堂入室。于韩二人发表的《太原对话》，标志着第三代诗歌运动由自发向自觉发展。

——何小竹
《我所亲历的中国当代
文学史》

第六届（1986年《诗刊》青春诗会）我再次受到邀请，这次收获颇大，主要是认识了于坚、翟永明。那时《他们》已出了两期，我和于坚还没有见过，实在有点不像话。于坚来车站接我，我看他犹如少数民族，朴实得可以。于坚也觉得我很土，连小轿车的门是怎么开的都不知道。除了互相挖苦，整个会议期间我俩都在辩论。

——韩东
《＜他们＞或"他们"》

1986 年，翟永明、于坚、韩东在太原。那时于坚头发和胡须浓密，韩冬还像个纯情可爱的大一学生。

给大家贡献一条好玩的观察线索：这五人的关系是互相牵扯的，有分就有合，有人破裂，就会有人复原，这头热一点，那头就会凉一点，好像热能总量只有那么多，平均分配不过来似的。哈哈哈！

　　　　　　——伊沙《伊沙访谈录》

上世纪末，中国诗歌再次裂变。以口语写作为主体的民间写作和以书面语写作为主体的知识分子写作形成强烈冲突，并通过媒体和刚刚兴起的网络，将这样的冲突不断蔓延。

　　　　　　——勒宜《中国诗歌五十年》

1999 年，在成都。左起于坚、韩东、伊沙、
何小竹、杨黎，在成都郊外的农家乐喝茶。

2001 年，采访的空隙中，韩东正赶忙吃一碗方便面。

韩东曾说过："诗歌以语言为目的，诗到语言为止，即是要把语言从一切功利观中解放出来，使呈现自身，这个'语言自身'早已存在，但只有在诗歌中它才成为了唯一的经验对象"

——孙基林《第三代试论》

第三代人的概念被提出来的时候，韩东还没有写出他的《有关大雁塔》，"莽汉"没有诞生，我也没有写出《怪客》和《中午》。第三代人诗歌，正在新婚的床边。无论从哪一个角度考虑，韩东的《有关大雁塔》都是第三代人的第一首诗。这首写于 1983 年 5 月 4 日的诗，是第三代人秘密的初夜。和那个时代我们的性生活一样，都要被推迟在一些日子之后，才能走进婚姻的殿堂，或者民政局。

——杨黎《灿烂》

韩东与小君的关系也让杨黎羡慕。这种羡慕不仅表现在口头上，而且直接落实到行动中。当年秋天，他在刘太亨那里发现了刚刚写诗的安学蓉，立马大发神勇，将我军纯洁的白衣天使揽入怀中。火速结婚后，他为自己的妻子取了一个非常小君的名字叫小安。

——万夏《苍蝇馆》

如果不是 1986 年在南京，我和韩东那种莫名其妙的错过，我肯定是《他们》中的一员。如果我是《他们》中的一员，后面的情况又将是怎样的呢？比如《非非》，比如第三代人，比如《他们》，会不会有一点小小的差别？我是说和现在的这个样子相比，和我个人的样子相比。有时候晚上睡不着觉，点上一支烟想一想，会觉得历史是一件奇怪的事情。它在很多很多的关键地方，居然那么偶然。而一个人的面子，一个人的身居的地方，甚至一阵风和一顿酒席，都会改变它所谓的发展规律。

——杨黎《灿烂》

2001 年秋，在南京韩东家，杨黎和韩东。

2012年，周亚平与韩东，被热爱的诗人与被赌咒的诗歌。

中国诗歌需要一个叫醒电话，我是收到这个叫醒电话的人，很多人一直处于沉默、自恋、慵懒和猥亵之中，我们能够重新接受早晨吗？

——周亚平《被诅咒的诗歌》

2012 年 8 月 4 日，周亚平诗歌朗诵会在北京当代 MUMA 举行。会后，20 多年前的老朋友周亚平和韩东坐在一起照了这张像。据说这是他们 20 多年里的第一张照片。周亚平是 80 年代语言派诗歌的核心人物，韩东是他们阵营的核心人物。

——杨黎《灿烂》

1985 年，南京韩东家。左起韩东、万夏、乃顾（顾前）。

　　万夏从成都去南京找韩东，又见到了顾前、苏童。在顾前家吃饭，在九华山茶馆展开辩论，其激烈程度差点要打架。万夏对韩东说：中国诗歌的中心如今已经从北京分流到了四川和全国其它地区。万夏还说，四川一帮人准备成立第三代诗人协会，计划让韩东出任主席。自然这被韩东拒绝了。

——韩东《＜他们＞或"他们"》

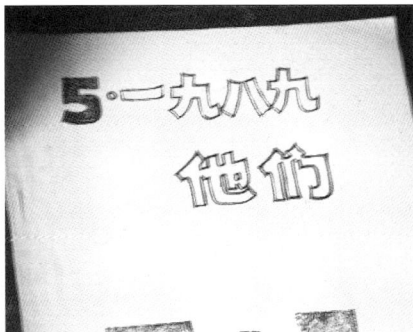

80 年代的《他们》，
现在卖到了 1000 元一本。

1985 年，万夏带着我们编印的《现代诗内部交流资料》去了上海，也去了南京。他回成都后，我觉得对我而言，最重要的就是带回来了一本《他们》。我几乎是以一种狂喜的心情读完了《他们》，并且把韩东和于坚，把丁当和小海，把王寅和小君，把他们的名字和诗歌，都牢牢地记了下来。说句实话，我觉得我对《他们》的阅读，超过了 1984 年对《莽汉》的阅读，它完全可以和我 1980 年冬天对葛里耶的阅读相提并论。

——杨黎《灿烂》

韩东与大学同学。第三代
人诗歌运动还没有开始。

据韩东自己说，在他的写作的前期，就是在《有关大雁塔》那个以前，有一个阶段，就是模仿北岛的诗，大概 1979 年的时候受到他们的刺激，然后进入模仿阶段，直到两年后才有了独立意识和反叛意识。19 岁的时候韩东已经成名了，那个成名就是以北岛和《今天》式的作品而成名，在很多地方被抄过。然后到 1981 年以后，开始尝试，一直到毕业去西安，前前后后，写了无数的诗，最后留下来的也就十来首诗。

——杨黎《灿烂》

153

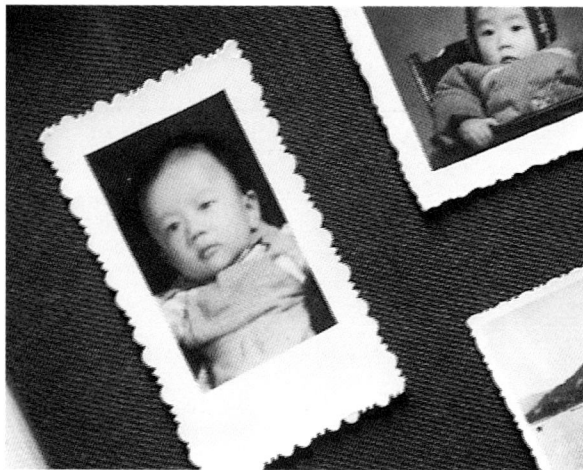

婴儿时期的韩东，作家方之（韩东父）认为他长大后可能是一个好木匠。

韩东出生后，韩父对他的要求就是，将来不种地，不娶农村老婆，能进厂当一个工人，三十几块钱一个月，就不错了，或者长大后韩东很可能是个好木匠。他对韩东的才能和智力的判断就是如此，也就是说韩东是出乎韩父意料之外的。包括后来当韩东写作的时候，韩父已经去世了，所以从小都没有一个师傅或者父亲或者长辈对韩东产生直接的影响，从小他就在精神上很自立。

——杨黎《灿烂》

90年代的南京，韩东与更年轻的朱文、吴晨骏等。

最开始的《他们》，有老《他们》和新《他们》，老《他们》是李苇、苏童、马原、顾前这些人，他们不太功利也不太积极。新《他们》就是南大、南工这边的人，包括刘立杆这些人，都是小海引出来的。南工就是朱文和吴晨骏。

——杨黎《灿烂》

155

1983年，大学刚毕业的于坚。

那是 1980 年到 1985 年之间，那时代文学
像今天的经济活动一样，是一整代青年普遍的志
向和爱好。

——于坚《尚义街六号：生活、纪录片、人》

　　我是从于坚的名字开始认同于坚的。当我
知道这个名字是他的真名后，我更加坚定了我的
认同。作为一个神秘主义者，我相信人与人、人
与事、人与万物都是有感应的。他为什么要叫于
坚？他为什么不叫于硬？这难道不是天意？该
啊，都已经几百年没有出大诗人了。当时我是这
样想的。

——杨黎《灿烂》

尚义街六号的逃亡开始时，于坚尚在大学中文系读书。一直在黑暗中摸索文学创作规律，他的作品难于在公开刊物上发表，屡投屡退。李勃宣称，于坚的作品要等他的名字框上黑边才能发表。于坚最终对主流文化感到绝望。1984 年，他与中国各省的地下诗人共同创办了民间诗歌刊物《他们》，并首次在这个刊物上发表了长诗《尚义街六号》。

　　　　　　　　——于坚《尚义街六号：生活、纪录片、人》

　　在没有伊沙的 80 年代，我一直把于坚和我自己认定为是中国诗人中最丑的两个人。于坚对此坚决不干。他说："我们不是丑，我们是很男性的那种。"我说："我们不是，李亚伟才是。"所以，我并没有把他算在我们一起。也许于坚是男性的那种，比如他的黑，他的嘴唇的厚大，他的眼睛的小。

　　　　　　　　　　　　　　　　——杨黎《灿烂》

1990 年，于坚在他非常热爱他的云南。

1993 年，于坚与日本友人。

我在昆明住了十多天，都没等到于坚回来。倒是从张宇光口中，又听到了他的一些八卦。比如，他觉得自己长得像卡夫卡。但张宇光认为，他应该更像巴尔扎克。

——何小竹《昆明访于坚不遇》

　　在成都新二村，在我的家里，我的写字台上正放着我的一首诗。那是一首还没有完成的诗篇，我正在为一个"的"字久久地考虑着。我在考虑它的位置：究竟是把它放在一句话的中间呢？还是把它放在结尾？或者是不要？我的稿纸上，胡乱地画着我考虑时留下的痕迹。于坚看见了。他站在我的写字台前，歪着他的头，仔细地看着我的稿纸。就像于坚发现了我的思考，我也发现了于坚的注意。当他抬起头后，眼睛在屋子里快速地转了一圈。在他的右边，我们的眼睛相遇了。像两个杀人犯，像两个偷情的人，当然更像两个懂诗的伙计。我们并没有相视而笑，我们仅仅是默默地看了一眼。当时屋子里还有好多人，他们正在讨论着反文化和诗歌革命。"我也这样。"于坚把我的诗稿拍了一下，轻声说。

——杨黎《灿烂》

2001 年，于小韦在南京。

　　我在橡皮论坛看到，一年轻诗人说，买了《火车》后舍不得读，一天读一点。这就对了，于的诗永远不会被"大众"欣赏，他永远也吃不了诗歌这碗饭。但它们会被遥远的时代里一个陌生的青年偶尔发现，一读就放不下了。十几年并不算遥远，对于这样的天才来说，遥远的还在后面。他的诗歌将穿越岁月。

——韩东"豆瓣/于小韦小组"

　　我是 1987 年才第一次看见于小韦的诗，他应该是我继韩东、于坚之后所看到的《他们》中最好的诗人。其实，在 1987 年的中国诗坛，也是我能够看见的最好的诗。这些诗在今天，仍然是那么的好。我为他高兴，当然也为我自己高兴。《他们》第三期，小韦的诗排在头条，而他的第一首诗是一首关于一个青年画家的诗，那首诗让我一个下午都在激动。

——杨黎《灿烂》

2001年，朱文在南京。

　　我一直觉得，写东西、拍电影什么的，我干这些事都是不得已而为之，都是退而求其次，因为生活中没有更有趣的事情可以让我去做。

——朱文《答翟永明问》

　　朱文、吴晨骏都来自南工，当年在南工读书，朱文高个，气质迷人，吴晨骏木讷，神情忧伤。他们皆是《他们》后期的新生力量。朱文更是以其独具风格的小说震动文坛，扩大了《他们》在圈子之外的影响。

——韩东《＜他们＞或"他们"》

2001 年，小海在南京。

　　小海 15 岁成名，那才是天才呢。我很害怕少年成名的，因为那多少是一个陷阱，大器晚成也许更靠谱一些。

——韩东《答吕露问》

　　我曾经在一个很官方的小报纸上，看见小海参加诗刊社举办的"青春诗会"的消息，那真的使我大吃一惊。作为一个老《他们》，作为第三代人的重要诗人之一，怎么在现在（好像是1999 年）还会去参加这样一个会呢？不管你有什么理由，都无法不让朋友为你生气，不让敌人笑掉大牙。所以说，我不仅赞同于坚对他的批评（于坚讲小海是叛徒，是甫志高），还觉得他很丢脸。丢《他们》的脸，丢第三代人的脸。第三代人从来都是地下的。只有真正的地下性，才能保证它的纯洁性和革命性。即使到地上来，也是有条件的：那必须是以对方的让步为前提。

——杨黎《灿烂》

朱朱是一个纯粹的诗人。在新生派诗人中，他是国内不多见的激情内敛、沉静而博思型。朱朱基本上不写小说，他的诗总在冷峻中蕴藏着让人不可言及的孤独和悸动。

小宽，本名赵子云。1980 年出生，金牛座，B 型血，是个胖子，初级痛风患者，职业吃货，业余诗人。2003 年进入《新京报》，担任美食记者至今。混迹于北京吃喝江湖，上至五星酒店米其林餐厅，下至路边摊街边馆；上顿吃的是日本干鲍顶级和牛，下顿就是卤煮火烧腌小馆。百无禁忌。

2012 年夏天，北京的夜市，小宽和朱朱，头发最短和最长的两个诗人在一起喝啤酒。

2001 年，楚尘、朱庆和在南京。

消字一半在镜头外了 / 栓字的木和全的一大半 / 隐在朱庆和的脑后 / 由于火警 119 这行字 / 我还是猜出 / 是消防栓三个字 / 这与镜头外丰盛的酒水 / 构成楚尘和朱庆和 2001 年在南京出现的小背景

——仁兄《随手翻＜灿烂＞》

那次在南京，我没有见到我喜欢的作家顾前。就像我在南京掉了一颗牙齿一样。我的那颗牙齿是被毛焰、朱庆和和吴晨骏三个人搞丢的。是他们联合起来，把我活活地灌醉之后，被我当成呕吐物吐了出去。当然，这是一次非常愉快的晚宴，是我对整个南京的重要理解。我甚至想，这可能是我和南京拉近距离的一次醉。我把我的牙齿留在了那里。

——杨黎《灿烂》

166

2001年，覃贤茂、马铃薯兄弟在南京。

那天连于奎潮（马铃薯兄弟）这样一般喝酒都是很克制谨慎的人，都碰杯就干，说一不二。那天我们都喝得很多。朱明要赶飞机，我送走了他，只是喝得口滑，回家居然一个人继续喝！

——覃贤茂《何小竹在南京》

在南京喝酒，那次是马铃薯兄弟做东，一起的有韩东、覃贤茂、鲁羊、刘立杆、侯蓓。马铃薯兄弟我在北京车前子家里刚见过，鲁羊、侯蓓和刘立杆我是第一次见。酒过三巡，话过一半，大家快快乐乐。真的是快快乐乐。我想起我的那个梦，如果真的能够骑自行车到南京就好了。

——杨黎《灿烂》

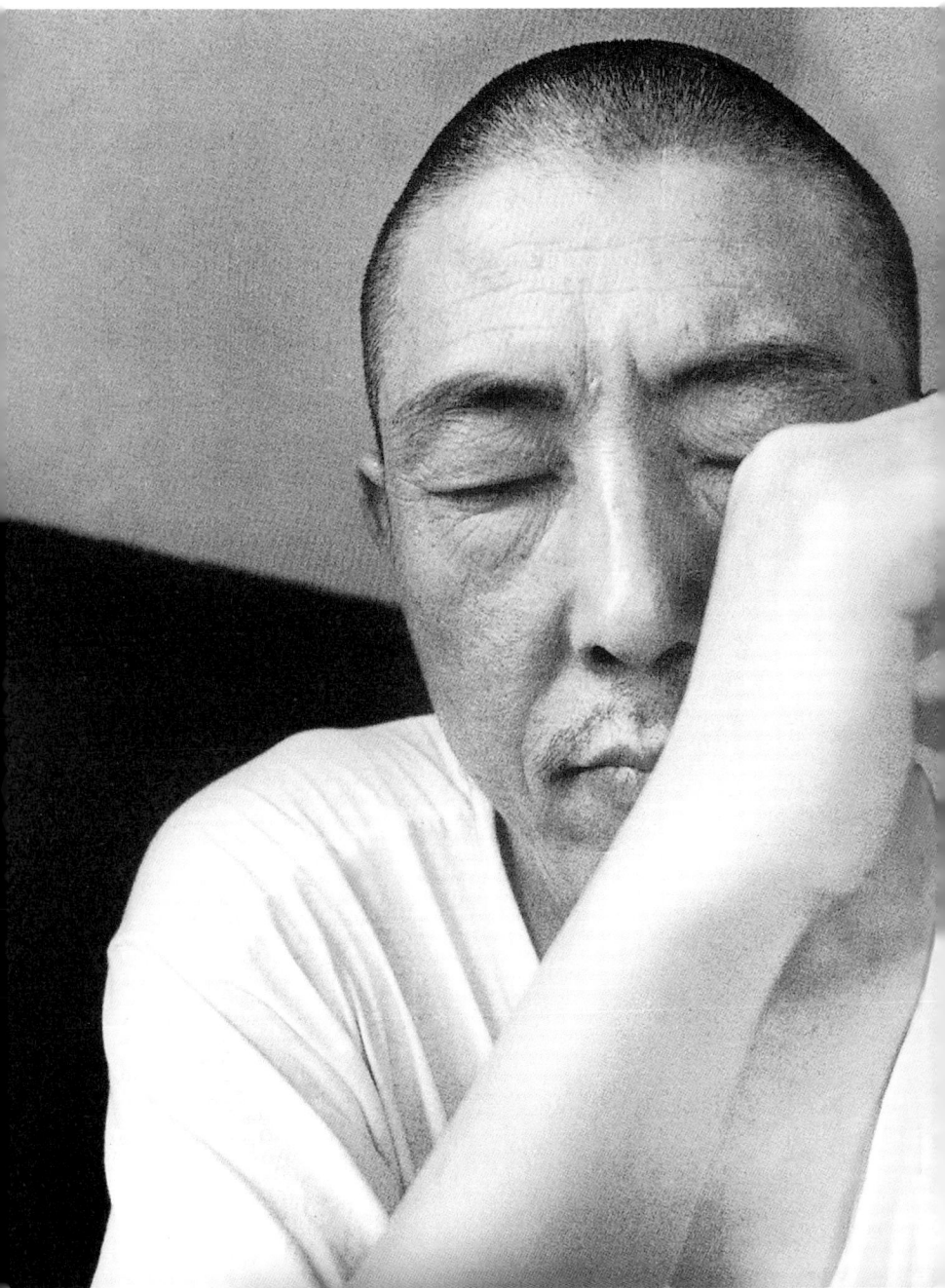

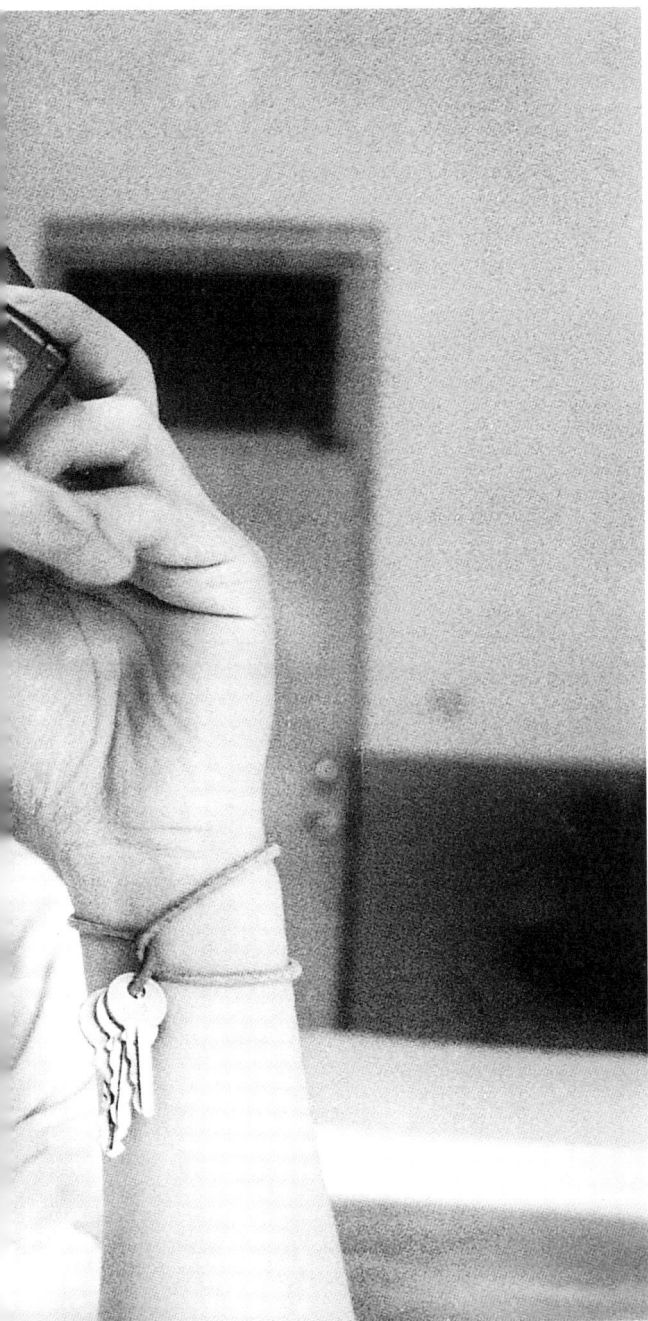

1993 年，
诗人食指在精
神病院。

肖全 摄影

作为当代中国最优秀的摄影家之一的肖全，早年受法国摄影大师西埃夫的风格影响。在他1993年出版的摄影作品集《我们这一代》中（其中包括了几乎所有当代中国艺术家和作家），有一张使人过目不忘的照片，即中国现代新诗第一人食指的肖像。由于文革中的种种压力所致，食指于20世纪70年代中期精神失常。在这幅作品里，这个以精神病院为家的天才正在沉思。这是一张普通的中国北方人的脸，但闭上的眼睛却仿佛隐藏了惊人的力量：精神病院里的沉默颠覆了中国新诗史。这正是肖全许多肖像作品震慑人心之所在。从90年代后期开始，肖全在中国深圳和广州致力于广告摄影的探索。

——《摄影速查手册》

一天，黑大春突然把食指接到自己家里，我们正在讨论艺术节朗诵会的流程，食指的到来让我们格外振奋。老郭虽然有些病态，但精神很顽强，思路也清楚，跟我们聊得很开心。他的开山之作《相信未来》，是朗诵会必"浪"的极品。考虑到食指的身体状况，大家决定他不上场，而由一位师大"北国剧社"的女大学生郭晴丽代他朗诵。

——大仙《幸存者》

1990年，北岛在美国。

　　由于今天同仁把北岛形容为"老木头"，我想象中的北岛冷漠、刻板、不苟言笑。及见到北岛本人，发现他挺温和，并没那么端着，谈吐也不拒人千里之外。

——大仙《幸存者》

12 月的一天，顾城和谢烨包饺子请我吃饭。我
第一次来到顾城的家，看见门上和墙上画的全是鱼，
现在回想起来，比任贤齐的《我是一只鱼》要灵幻多
了。顾城说这是他画的，画给老于的，老于于有泽就
是"朦胧诗"的另一位卓越人物江河。江河将顾城视
为弟，顾城把江河当成哥，当然，顾城当时还有一
姐，叫舒婷。

——大仙《幸存者》

　　1985 年，《星星》诗刊搞了一个民选，评出了中
国十大青年诗人。北岛、杨炼、舒婷、顾城、叶文福
等入选诗人都要过来。这些所谓的青年诗人，其实都
不年轻。而里面最小的顾城，也三十岁了。我没有看
见过《今天》（2001 年 11 月之前），我也基本上没有
受过"朦胧诗"的影响。如果硬要说我对他们的印象
的话，我反而比较喜欢顾城的一部分东西。

——杨黎《灿烂》

1986 年，成都。顾城与谢烨，天才的诗人和幽怨的爱情悲剧。　　肖全 摄影

"今天"初期，赵振开与姜世伟互起笔名，赵振开称姜世伟为"芒克"，姜世伟将赵振开命名为"北岛"，于是这两个响亮的名字日后扫荡诗坛。

——大仙《幸存者》

　　在 1980 年代，大家爱将四川、北京和上海并提，称之为中国先锋诗歌的重镇。这看起来好像有道理，其实是一种误会，大大的误会。北京不说了，有北岛、芒克、顾城、江河、杨炼和多多等一大批《今天》诗人，他们的努力和成就，是我们应该敬重的。而上海，它又怎么能够和北京相比呢？所以，我更愿意把南京提上来。80 年代真正的诗歌之镇，是北京、四川和南京。南京，不仅仅有韩东、于小韦、小海和小君，还有朱文、吴晨骏、刘立杆、鲁羊、车前子、任辉等。最主要的是还有《他们》，包括于坚、丁当和王寅。

——杨黎《灿烂》

1993 年，芒克在北京家中。　肖全 摄影

（前页图）1986 年，朦胧诗已经成为中国诗歌的当家红旦，为许多诗歌爱好者追捧。当时，成都的《星星》诗刊举办"当代 10 大青年诗人"评选活动，北岛等众多朦胧诗人当选。这张照片是入选诗人（左起）北岛、谢烨（顾城妻）、李刚、付天玲、舒婷和顾城在一起。

1986 年，朦胧诗已经成为中国诗歌的当家红旦，受到许多诗歌爱好者的追捧。当时，成都的《星星》诗刊举办"当代十大青年诗人"评选，这些人都来了，并且受到了很多诗人的款待。那天的款待是这样的：由四川选出 10 个左右最能喝的诗人，与全国各地来的诗人中最能喝的 10 个诗人比酒。大家坐在一起捉对厮杀，喝一整天，最后看哪边倒下的人多。躺在地下多的算输，硬起的算赢。为此四川方面（含原来的重庆）准备了我、李亚伟、杨黎、胡冬、蓝马、吉木狼格、马松、翟永明（女诗人代表）、柏桦、石光华、宋炜 11 个人以及酒量还可以的第二梯队，至于外地那些人没有确定。大致是芒克、杨炼、唐晓渡、张小波、徐敬亚、马高明（啤酒狂人）叶文福几个，他们恐怕不是四川的对手。

——万夏《苍蝇馆》

杨炼每次来中国，都说：我要回国了。每次飞回伦敦，会说：我要回伦敦的家了。他用"回"，一个称为国一个称为家。多年来来回回的弧线，构成了他生命里的"国家"。2012年，杨炼获意大利诺尼诺文学奖，评委会主席奈保尔颁奖时说："他提醒了我们，诗歌是我们唯一的母语。"

2012年，杨炼在北京。

2012 年，在北京家中的多多。

《在英格兰》："整个英格兰，容不下我的骄傲 / 从指甲缝中隐藏的泥土，我 / 认出我的祖国——母亲 / 已被打进一个小包裹，远远寄走……"诗人的悲哀和矛盾让这首诗充盈着悲剧性的力量，这是最真实的多多。

大学时代的骆一禾

骆一禾与海子同为北大 79 级学生，属于"新三届"的尾巴，有着同样的气质。海子学法律，骆一禾学中文，两人因为共同的文学追求走到一起。在大学里，骆一禾、海子、西川成为无话不谈的朋友。

在海子离去后的第 49 天（5 月 14 日），骆一禾因脑出血而晕倒在凌晨。他被送往医院做了开颅手术，但是不见疗效。他昏睡了 18 天，于 1989 年 5 月 31 日下午 1 点 31 分在北京天坛医院病逝。骆一禾的绝笔，是 5 月 13 日夜写成的纪念海子的文章《海子生涯》。

1988 年，骆一禾在北戴河。

1993 年，西川在北京，照片里有第三只手，也拿着烟。 肖全 摄影

西川跟很多诗人不一样的地方在哪里？他是有文化风景，有文化气氛的，他身上真正具有一种广阔性，不光是诗歌，还有文化意义上的广阔性。如果说文学还可以有正义感、有正气的话，那么他也是一个特例。因为正气和正义感在现在，在某种意义上说是贬义词。体制化的东西，西川身上也有。但是西川是唯一一个有这种东西却并不讨厌的。西川学识了得，学养非常好。

——杨黎《灿烂》

2001 年，西川在谈论海子，很忧伤。

真疯子并不使人麻烦，他们并非有意要搅得别人心绪不宁。真正使人厌烦的是那些目的明确的装疯卖傻之徒。诗歌圈子里这类货色不少，他们按照李白、柳永、雪莱、科伦、波德莱尔的样子设计自己。他们肯定，不疯不颠就不叫诗人。看看、看看，诗歌毁了多少人呵！

——西川《太像诗人的诗人不是好诗人》

80 年代，除了互相走动，当时的诗人们还流行写信和互寄自印的诗集。西川给韩东写信，是竖着写的，韩东回信则说"如今手持字典的诗人太多。"虽然他们话不投机，但私下里，他认为西川的诗写得真是不错。海子寄来他自己油印的诗集，当时海子还没有出名。刘立杆和小海开玩笑问韩东，说：你怎么都有儿子啦？

——韩东《＜他们＞或"他们"》

他在屋里激动地走来走去，他质问我还是不是一个诗人，否则怎么会不理解他的诗！话说到这个份上，我也有点儿忍不住了，我只好警告他："你不要弄得比我还有个性！"

——西川《太像诗人的诗人不是好诗人》

在诗歌写作中，依靠技术的是知识分子，神灵附体的才是诗人。

——杨黎《灿烂》

大学时代的海子。

我就写了两篇纪念海子的文章，再加上几篇序，大概五篇左右海子的文章。我只是交代事实，我从来不做评论，评价他会让我很痛苦。别人也不了解事实，我只是把事实说出来，这是我的责任。

——西川答《新京报》记者问

海子来成都那天，我们先去的是人民公园的一家茶铺。坐下没有多久，不知道什么原因，我们谈到了气功。海子说他已经打通了小周天。对于今天的人，可能对这个术语比较陌生。但是，在上个世纪的80年代，这句话就像今天人们说伊妹儿一样的时髦和易懂。如果你表现出对这个术语的无知的话，就像知识分子没有看过纳博科夫一样，是会被人嘲笑的。

——杨黎《灿烂》

大学时代在北京昆明湖的海子。

"面朝大海，春暖花开"这句，几乎是家喻户晓，所有人将它认为是很明亮的诗，实际上它背后是非常绝望的，这是快要死的人写的诗呀！这种东西，收到中学课本中，中学生只能看到最表面的一层，不知道背后危险的冲动，老师也不敢讲，老师也不一定理解。

——西川答《新京报》记者问

大学期间，赴西藏旅游留影

1988 年，在西藏旅游的海子。

海子自杀后仅剩的遗物。

187

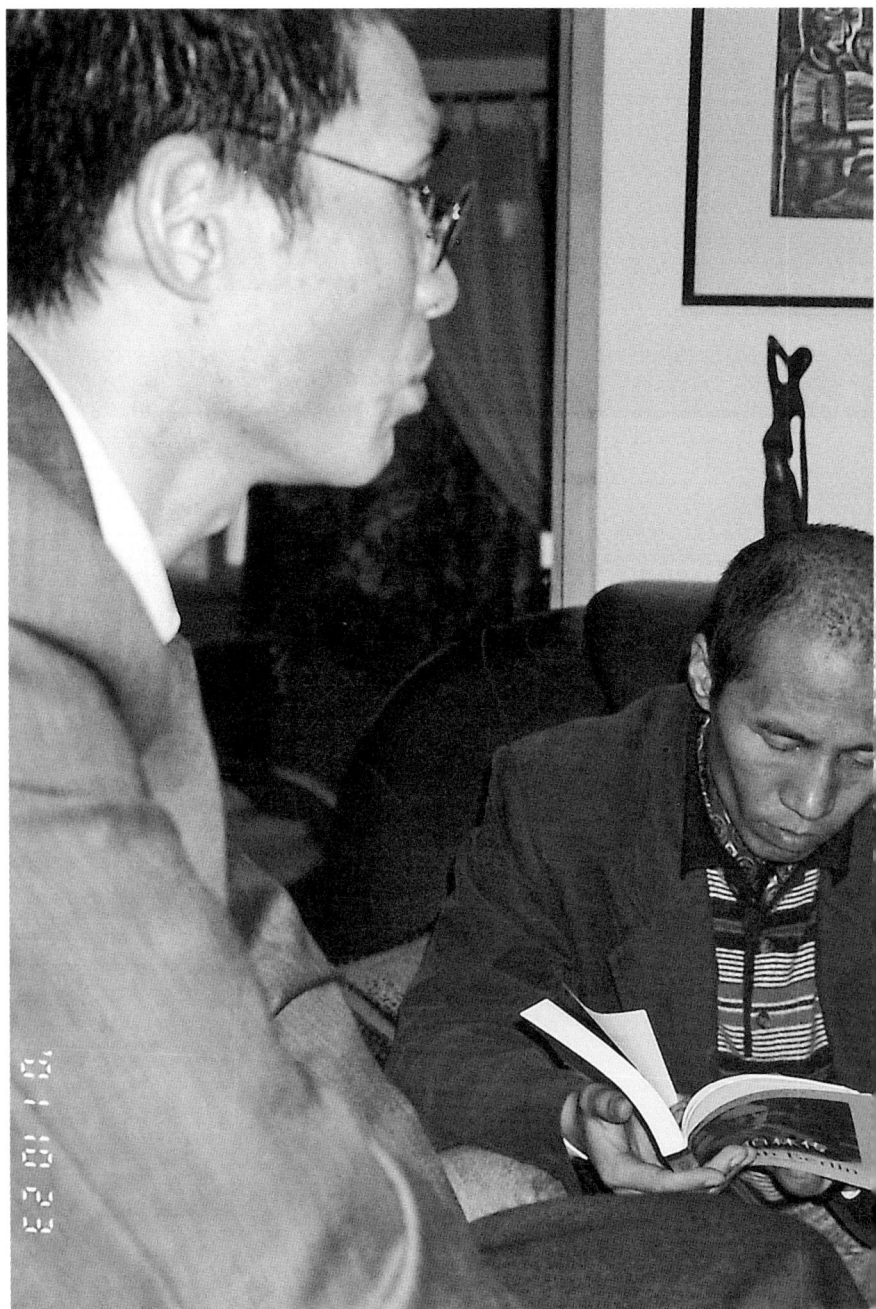

2001 年，北京。陈树才与莫非，诗歌"第三条道路"的开创者。

在没有到树才家之前，我一再问莫非周末到诗
人家里聊天会不会打扰树才的家人，莫非回头看我一
眼，颇为自信地说："放心，我到树才家比在我自己家
还随便呢，没关系的！"

那天下午，我对莫非、树才进在一起聊天，整个
过程中，莫非都忍不住在骂知识分子诗人，特别是那
个什么"九十年代大事记"。他认为这简直是在篡改
历史，气愤得笑了起来。

树才反而要平静一些。但他平静得有点出奇，再
加上他文质彬彬的样子，使人完全不能找到他诗人的
一面。直到我第二次在车前子家里见到他，听他无意
中谈到他的宿命，他当时的语气、他的神情，才让我
知道了他的关闭的内部：一个诗人的居所，包括他隐
秘的期限。我想说，我相信他。诗歌是漫长的。

——杨黎《灿烂》

2002 年，臧棣在巴黎的地铁上。

将语言视为母亲的诗人比将语言视作父亲的诗人，更容易获得阅读的认可。但从某种意义上讲，对诗来说，最大的误会就是诗人把语言视为母亲。从写作的角度看，诗的最基本的命运就是，我们应该把语言视为父亲。

——臧棣的微博

1988 年，大学时期的戈麦。

戈麦是从黑龙江走出去的。选择写作，有很早的愿望，但开始稍晚，这其中有过极其矛盾的选择。他认为一个诗人，在写下每一首诗的时候，理应看到自己诗歌的未来。这种说法固然有其夸张的成分，但足以看出他修远的勇气。

1991 年 9 月 24 日，留下一纸遗书和二百多首诗稿后，戈麦自沉于北京西郊万泉河中，时年 24 岁。戈麦短暂的一生中时时都冥想死亡，也在抒写死亡，死亡如同影子一样死死地跟着他。

1986 年，青年时代的王寅和陆忆敏，曾经让人羡慕的诗歌伴侣。在家庭温馨氛围里，二人的眼中对未来投以怀疑的目光。

我们商量着印个什么杂志。四个人凑了很少的钱，到徐家汇一家纸店去买两角钱一斤的八开新闻纸做内页，到福州路一家美术品店买五角钱一整张的彩色纸。一张彩色纸可裁成 32 个小开本封面。有一回，我跟王寅偶然路过学校印刷厂，偷了一大摞纸，然后骑自行车把它们运到东安新村陆忆敏家里藏匿起来。那时候，王寅已经在跟陆忆敏恋爱。

——陈东东《游侠传奇》

王寅最早发表在《他们》上的诗歌，一直是我所喜欢的诗歌。同样，我也认为是 80 年代中国最好的诗歌。就是今天看，它们依然是最好的诗歌。王寅后面的发展，可能有点偏离自己的方向，我认为，这仍然不能动摇他在第三代人中的地位和价值。包括他的妻子陆忆敏的诗歌，她那些直接对死亡的描写，是我们这个时代不可多得的佳作。

——杨黎《灿烂》

1980 年代，左起郁郁、封新城、孟浪在甘肃。

有些诗人做了时尚杂志的主编，最成功的莫如最新锐文化杂志《新周刊》的总编封新城，这位当年在兰州大学参加《飞天》杂志诗歌大展的大学生诗人，毕业后一头扎进新闻圈，以他诗人般的激情和理想主义的精神，创造了中国杂志行业的奇迹。

——刘波《第三代诗歌研究》

1980 年代，上海的《大陆》《海上》诗刊。

孟浪的名字在 80 年代常常和郁郁的名字联系在一起，这让人觉得有点奇怪。仅仅因为他们是朋友，或者说仅仅因为他们一起搞过《大陆》？如果是这样的话，其实也就是这样的，中国 80 年代的所谓前卫（孟浪喜欢用这两个字）诗歌，是混乱的。

——杨黎《灿烂》

朱大可曾经这样对我表达过语言的局限，准确地说应该是语言表达的局限。他说："很多时候，我们看见的、看见时所感觉到的东西，是无法表达出来的，至少是无法全部表达出来的。"在我现在的记忆里面，他当时还为他的观点，寻找了一个意境深远的例子，其中有中午、阳光、空洞的大街和卖冰棍的老太太。我认真地听他讲着，等他讲完后，我对他说："我没有这种感觉。"我记得我当时说了两个理由。一是我从来没有想过要把我看见的，以及看见时所感觉到的表达出来；二是我的诗歌的写作是从语言开始，从一个字、一句话开始：如果我没有写出下一句话，仅仅是我还没有想到下一句话。它和语言的局限、语言表达的局限，根本没有关系。

——杨黎《灿烂》

1990 年，朱大可和太太在上海。

1986 年，孟浪在深圳。

孟浪、郁郁来访，说是刚刚去了西藏，如今我只记得他们的装扮。孟浪的破牛仔裤上贴了一块橡皮膏，郁郁则穿着高筒靴，比较时髦。

——韩东《＜他们＞和"他们"》

　　那次的深圳之行，除了徐敬亚夫妇外，我还见到了神交已久的孟浪。那次是我们迄今为止唯一的见面。怎么说呢？他是一个我意想不到的温和的人，与他尖锐、冷酷的诗歌完全不一样。即使他留着一把大胡子，也找不到相似的地方。从某种意义上讲，孟浪和万夏有许多近似。我们一起喝酒，又一起去了一家歌厅。同我一起去深圳的朋友，对孟浪的印象也非常好。

——杨黎《灿烂》

1993 年，左起孟浪、朱大可、孙甘露、陈东东、陈子善在美国。

严力当时住上海，偶尔来北京云游，我们见得不多。不过上世纪末，我在三里屯豹豪酒吧严重晃点过严力一次，约好了晚上一起喝酒聊天，但我前一晚通宵大酒整残了，就爽了约，至今还想当面向他道歉。

——大仙《幸存者》

　　除了下海经商之外，一些"第三代"诗人继续留守在诗歌现场。像西川、宋琳等人，大学毕业后进入高校或留校教书，一边教学，一边写诗，成了学院诗人；韩东曾于西安财经学院教马列哲学，后来调到南京一所高校，创办民刊《他们》，在 90 年代初，他又辞职成为当时较早的自由撰稿人之一。还有一部分人则到去国离乡到海外，做起了流浪诗人，像"海上"诗人孟浪在 1995 年赴美国布朗大学任驻校作家，湖南籍诗人张枣到德国图宾根大学留学后又留校任教；而女诗人张真则先到美国留学，后来又到纽约大学提氏艺术学院电影研究系任教。

——刘波《第三代诗歌研究》

2001 年，严力在上海。

严力和年轻一代的关系，是从他的《一行》开始的。所以，就严力而言，《一行》对他是有意义的。我很晚才看见严力的诗，但我很早就知道了严力。我是不喜欢《一行》的。我认为，严力办的这本诗刊，是一本没有观点的，没有要求的，没有诗歌目的的刊物。甚至从某种意义上讲，它是一本办在美国的准文学青年民刊。而90年代以来，我不喜欢这种民刊。并没有和主流本质上的对抗，甚至也没有政治上的差异，仅仅是因为在主流上发表的难度，就仿效80年代的做法，办一本发表自己作品的刊物。这应该是没有错的。错在办刊时把它自称为"民刊"，咬到锤子当香肠，把自己打扮成受迫害的人。

——杨黎《灿烂》

1980 年代在上海华东师大当老师的宋琳。

复旦诗社在 80 年代的上海可谓一方重镇，除了卓松盛，许德民、孙小刚、李彬勇等人也都名头很响，跟华东师范大学夏雨诗社贡献出来的宋琳和张小波，在上海大学生诗歌阵营里举足轻重。但这些诗人，跟王寅和我几无交往。1988 年以后，我和宋琳才成为朋友。

　　　　　　　　　　　　——陈东东《游侠传奇》

　　宋琳的父亲在"文革"过程中被折磨致死。他们兄弟三人，也还是想通过进大学改变自己的命运。他是上海华东师大的夏雨诗社的发起人，比张小波高一届，和朱大可是同学。

　　　　　　　　　　　　　　——杨黎《灿烂》

大学时代的宋琳。

杭炜不时瞥瞥一个穿红外衣的少女，我猜想那少女可能就是李少榕。后来李少榕嫁给了宋琳，住在教工宿舍，据说经常把宋琳气得想跳楼。后来宋琳跳到了巴黎。

——默默《我就是海市蜃楼：一个人的诗歌史》

总体上看，宋琳的作品在"第三代"诗歌中所占的位置并不突出，更多是因为他大量局限于城市诗派的团体性表现。但是，我们在他的诗歌中还是能感受到他对艺术、哲学以及西方文化的精通，这也是他在创作中所获得的知识性与力量性的源泉。对于"第三代"诗歌运动来说，"城市诗"派在宋琳、张小波等诗人的参与下，获得了真正体现诗歌精神的动力，他们的写作放在新世纪的今天，仍然具有可参照性，其诗歌的艺术价值是值得肯定的。

——刘波《第三代诗歌研究》

2001 年，上海。默默，撒娇派领袖。

第一次用默默笔名，出的第一本油印诗集，是 1984 年夏天，诗集名《明天是立秋》，选了《问候巴黎》、《补写的日记》等 12 首诗。封面淡蓝色，共 10 页，印了 50 本。

——默默《我就是海市蜃楼：一个人的诗歌史》

关于默默，我记忆深刻的有两点：一是他的一篇小说，说什么在结婚前，天天梦见一个非常漂亮的女子，并且在梦中相爱。于是，为了和梦中的女子在一起，就断然退掉了婚约。但打从他退了婚约之后，就再没有梦见过这个女子了。这是一点。另一点，是他的"撒娇"兄弟京不特给我讲述的。说默默夏天常常坐在里弄里，摇着一把芭蕉扇，穿着大内裤，和几个朋友纵论天下大事。准确地说，这不是一件事，这是关于默默的一个印象。

——杨黎《灿烂》

208

京不特说，默默的舌头有点大，话说不太清楚。可能就是因为舌头大的原因，中国 80 年代的诗歌中，才有了"撒娇"一派。事情是这样的，默默在和京不特讨论他们要办的诗歌流派时，说了一个接近"莽汉"的名字叫"傻叫"。当时京不特没有听清楚，就把"傻叫"误会为"撒娇"。这一误会，使他们俩高兴了好久。同时，也使 1986 年徐敬亚的大展有了新鲜的感觉。它至少不太那么严肃，不太那么自以为是。我不是说大展，而是说那些参展的流派。

——王琪博《往事的背后有条小路》

2001 年，默默在上海。

2001 年，北京。张小波在接受采访中。

张小波来访，未遇，在我门上留了一张字条，说我是一只鹰，他是一只狼，云云。

——韩东《＜他们＞或"他们"》

　　我记得第一次听到张小波的名字，已经是1985 年了，就是我们编《现代诗内部交流资料》的时候，是石光华说的。石光华有一次说，张小波是后现代。

——杨黎《灿烂》

2001 年，北京。城市派诗歌领袖张小波和宋强：他们可以说不，也可以不高兴。

你可以不喜欢宋强的观点，但是你很难不喜欢宋强这个人，别管你是男的还是女的。

——萨苏的博客

张小波是 80 年代的著名诗人，也写了一本非常优秀的小说。张藏藏是张小波儿子的名字，也是张小波写《中国可以说不》一书时的笔名。对于华东师大的几个才子，我心仪已久。只因机缘的原因，都到了 90 年代，我才有幸亲自和他握了一个左手。所以，在这三波之中，我最了解张小波，当然也最偏爱张小波。甚至可以这样说，也最看好张小波。

——杨黎《灿烂》

1980 年，大学时期的吕贵品、徐敬亚和王小妮。

吕贵品在我与王小妮毕业后勃然焕发！1982 年～ 1984 年间，他几乎全面统治了吉林大学的诗歌舞台。他的身边聚集起了一批优秀的诗人，如郭力家、张锋、鹿玲等。他们喝酒、朗诵、办刊物，甚至试图办公司。

——徐敬亚《圭臬之死》

我和徐敬亚又见过几次，分别在深圳、成都和北京。他是一个典型的南方人长相的北方人，所谓北人南相，必成大气。他的妻子王小妮也是如此。作为"朦胧诗"著名的夫妻，他们的身上和诗歌里，都有着和我们难得的相近的东西。这种东西在徐敬亚身上，是他的激情，是他对诗歌大局的眼光和把握的能力。而王小妮，她其实就该是我们这一代的诗人。她本身也就是我们这一代的诗人，如果说她诗歌的成就的话。

——杨黎《灿烂》

1986年，徐敬亚和孟浪在深圳。

　　上个世纪 70 年代末，在北京一家体育馆里面，数以万计的人坐在一起，怀着激动的心情，倾听诗人们朗诵他们的诗篇。一句"阳光谁也不能垄断"，立即赢得了雷鸣般的掌声。而另一句"周总理啊，你在哪里"，使体育馆内外顿时泪流成河。诗歌，诗歌，咱们中国光荣的历史，和同样光荣的梦想，正在全面地打开。

　　1986 年由徐敬亚策划、操办的"现代诗群体大展"，在推动第三代人诗歌的发展中，是最直接的一次，也是最公开的一次。大展无疑把以前的诗歌和关于诗歌的神话，彻底地暴露了，也彻底地粉粹了。不论徐敬亚是怎么想的，然后又是怎么做的，大展都完成了它应该完成的使命：在大展以后，诗歌没有了权威；在大展以后，诗歌没有了价值；并且，在大展以后，诗歌没有了"皇帝"——谁要是还梦想当诗歌的"皇帝"，谁就不再是可耻的了——因为他已经可笑。任何一个人，任何一个时候，只要他愿意，他就是诗人，就是他的诗歌帝国的"皇帝"。在他自己的世界里，他称孤道寡，吟风弄月。

——杨黎《灿烂》

1997 年，北京。开始做出版的李亚伟、陈琛、宋炜、郭力家。

一次郭力家带我去了长春的一家歌厅。我们像两条猎狗一样，睁着血红血红的眼睛，在歌厅里转去转来。时不时地他还用嘴巴，向我指出一个方向。我顺着看过去，一般而言是会有一个单身的女人坐在那里，或者是站在那里。但是，说句丢人现眼的老实话，我根本就没有勇气过去请别人跳舞。虽然我非常非常地想。

也许是为了不要让哥们把我看扁了，我麻起胆子走了过去。上面我说过，我刚从深圳那边过来，说话的语调还有一点南方的味道，所以，当我邀请那个女人和我跳舞时，她还以为我是南方人。

——杨黎《灿烂》

216

一天，突然收到东北郭力家的来信，见字就知道是推金山、倒玉柱的兄弟，自此鸿雁传诗，隔空干酒，托老天的福，10年后终于相见真面。

——马松《灿烂》

　　成都的莽汉李亚伟，整体主义宋炜，东北的莽汉郭力家，在90年代开始下海做生意，按照郭力家的说法就是：大家来自五湖四海，为了一两个折扣和码洋走到一起来了。那时候的李亚伟甚至普通话说不好，账也不会算，外人一看都会知道他是第一次。

——杨黎《灿烂》

　　野夫曾经描述过自己的过去，不无惋惜又不无庆幸：八十年代我们的文学梦，我们的经历我觉得我不写出来有点太他妈的有愧了，我们那十年的商人生活是什么生活你也是见证人，日嫖夜赌，天天喝酒、斗地主，晚上上歌厅找三陪，当然作为一个诗人这样活不算人格上的一个什么毛病，但是会是生命的极端颓废极端无聊，我经常跟亚伟、万夏说，垮掉一代金斯堡的嚎叫第一句诗就是说我们的，"我看到这一代最杰出的头脑正毁于疯狂"我们不应该这这样，我很惋惜，我们又有幸是什么呢，就是我们生活的这个年代，我们认识了结识了这个时代真正优秀的人一批真正伟大的诗人。

——何小竹《我亲历的中国当代文学》

2001 年，长春。宗仁发，第三代诗歌运动的最早推手，《作家》杂志主编。

他们的作品在 1986 年后也出现在像《作家》、《花城》、《丑小鸭》等刊物，这是因为他们对这些刊物的个别编辑，如宗仁发、曲有源、朱艳玲等人的认可。

——李亚伟《口语和八十年代》

就第三代人诗歌的发展而言，东北做出了巨大而又实际的贡献。从 1985 年开始，宗仁发就在他主编的《关东文学》上，率先开办了《第三代人诗选》。那应该是一个寒冷的冬天，中国诗歌界，就像东北的冬天那么冷，甚至比它还冷。在此之前谁知道《关东文学》呢？

在此之前谁又知道第三代人诗歌呢？或者说，在此之前谁又知道宗仁发？一个偏远地区的青年人，因为一个偶然的原因，开始了他的工作。暗流在冰层下，只有暗流自己知道。所以说宗仁发是第三代诗歌运动的最早推手。

——杨黎《灿烂》

2001 年，曲有源在长春。

曲有源自己是个诗人，但他作为《作家》杂志的编辑，在那个年代率先刊发了许多第三代诗人的作品。我见到他本人的时候，离他发表我的作品已经相隔近十年。

——何小竹《我亲历的中国当代文学》

　　曲有源在我的印象中，应该是一个老诗人。我还在读中学时，他好像就发表了一系列有影响的政治抒情诗。我想不到的是，几年后，在诗歌的编辑上，一下变得前卫起来。在他主持的《作家》诗歌版上，基本上"继承"了原来《关东文学》的风格，大批量地刊发第三代人的诗歌。我那首写于1983年年底的《怪客》，就是1988年4月才发在《作家》上的。一首诗，经历了那么长的时间。

——杨黎《灿烂》

2001 年，朱凌波在大连。

朱凌波曾经写过一篇文章。在那篇文章里，他第一个提出"非非第一诗人"这个说法，并且把这个桂冠戴在了我的头上。他的这篇文章，无疑在"非非"诗歌群体中产生了激烈的反响。周伦佑曾经在私下里说过，朱凌波的文章是我授意写的。我觉得这非常可笑。他的话不仅没有根据，而且对朱凌波还是一个不大不小的嘲讽。再怎么说，别人也是一个流派的掌门人。以我杨黎的资格，凭什么向他授意？就算现在，我和朱凌波是朋友了，我也不可能（也不会）对他有什么这方面的要求。　——杨黎《灿烂》

1986 年，已经有相当一部分诗歌群体发出了对"语言"的浓厚兴趣。耿占春更是写出了关于语言问题的 30 万字专著。

——徐敬亚
《圭臬之死（下）
——朦胧诗后》

2001 年，耿占春在深圳。

上世纪八十年代，潘洗尘开始诗歌创作，2000 年开始陆续有诗作《饮九月初九的酒》《六月我们看海去》等。关于潘洗尘，中国诗歌学会秘书长张同吾曾有这样的表述："《想起 1970 年的冬天》与《六月，我们看海去》《饮九月初九的酒》构成潘洗尘的三驾金色马车，奔驰于中国诗歌的原野上，他乘着他的马车，感受远行的艰辛、痛苦和快乐。"

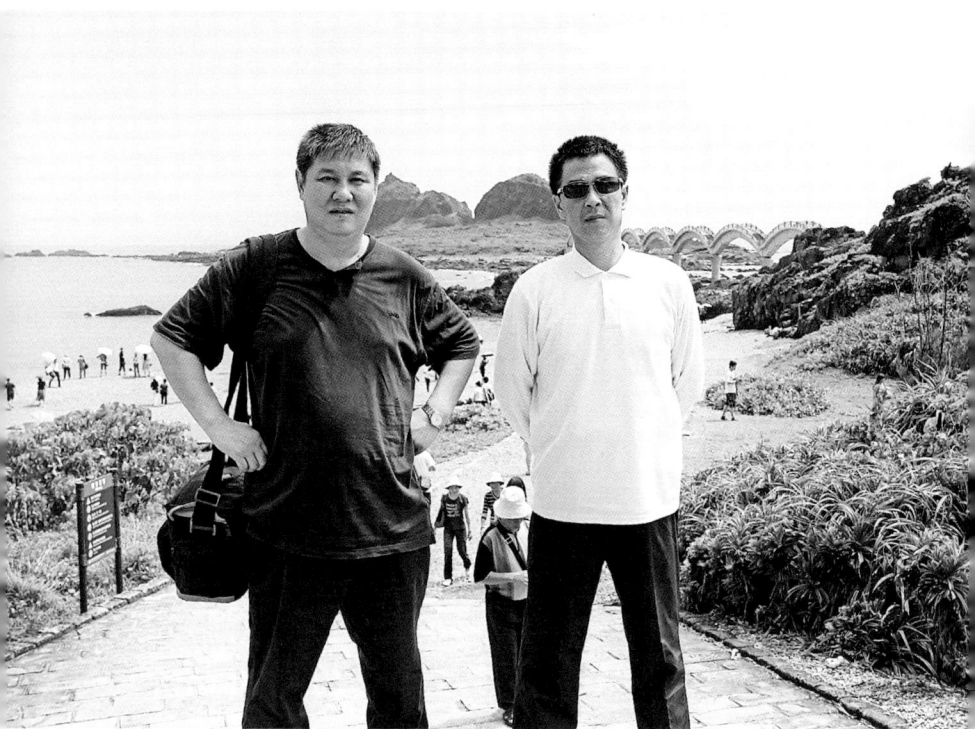

2011 年，陈琛和郭力家在台湾。

1988 年，吉林诗人陈琛主编内刊《现代诗》，这本坚持了 4 年的诗歌内刊，既是吉林诗歌黄金阶段的最后一次集结，同时也缓缓的关上了吉林诗歌这个辉煌阶段的大门。

——董辑《吉林诗歌的过去、现在与未来》

21 世纪初，左起野夫、郭力家、李亚伟、陈琛。四人在斗地主，已经斗了好些年。

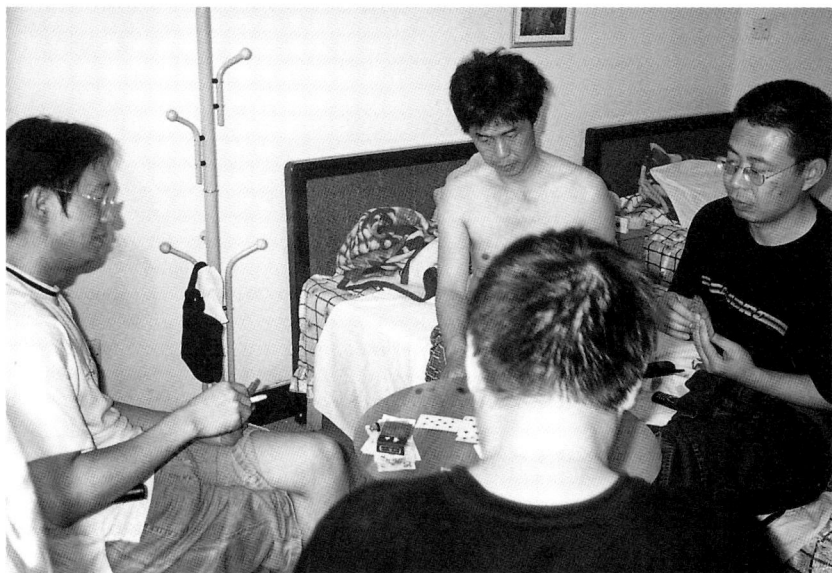

2005 年，银川。左二起高晓斯、郭力家、万夏、赵野、李亚伟、默默、陈琛、雪松、苏非舒在银川的诗会上。

　　苏联政府，曾经以寄生虫罪将布洛茨基驱逐出境。一方面是一种政治迫害，另一方面也算借口吧。但是，就是这一借口，它至少指出了一个时代的悲剧，以及一个诗人在社会上的尴尬：诗人从来就不是一种职业。诗人要活下去，我是说我们这一代诗人，就必须靠自己。否则，下场就只有一个：饿死诗人（伊沙语）。还有什么呢？

　　青春是没有选择的。我是说从90年代我们重新开始的第二个青春。当我和乌青一起，拿着数码摄像机，从北京出发，寻访一个时代的痕迹时，我们感觉到的，又哪里仅仅是时间的变化呢？包含在这中间的，应该有更深的意义。

　　　　　　——杨黎《灿烂》

2002 年，在 40 岁的儿童节上。左起万夏、杨黎、陈琛、李亚伟、马辉、兴安、野夫在喝酒，他们已经喝掉了大半辈子。

酒里面是有名堂。这是蓝马 80 年代的一句口头禅。彝族人说，酒就是话匣子。一个不爱说话的人，喝了酒后，就变得滔滔不绝。一个羞怯的人，喝了酒后，就变成胆大的人。是酒啊，使爱情有了光彩。也是酒，使兄弟情谊变成手和足。生活中的空和生活中的茫然，都在一杯酒后，荡然无存。

所以，万夏说："一个不喝酒的人，他写的诗可以不看。"

——杨黎《灿烂》

1989 年 6 月，杨黎（前排右二）、朱大可（前排左二）、朱凌波（后排右二）、宗仁发（后排右一）等在长春。

　　我第一次见到朱大可的时候，我们说的第三代人诗歌运动已经彻底结束了。许多人愿意把它的结束说成是 1986 年，《非非》的出现和徐敬亚的"现代诗流派大展"是其标志。但是，就我而言，一方面虽然同意这个观点，另一方面又觉得它应该有一个延缓期：1986—1989 年就是它的延缓期，应该被包括在第三代人诗歌运动之中。我所说的第一次见到朱大可，就是在 1989 年 6 月 6 日。

——杨黎《灿烂》

1991 年，潇潇（前排中）、王家新（前排右一）、梁乐（后排中）、和朋友们在湖北。

在 1995 年有个诗人从欧洲回来听到石光华在做出版生意，感慨地说，堕落了，堕落了。哈哈，我在心里说妈的，你在英国洗盘子就不堕落？都不算堕落？我为了生计又不是做什么，就做点出版生意就堕落了？这也是加快我和很大一批人特别是80 年代中的一批人的分裂，就是离他们越来越远。我觉得这些人对生活对人格的这种理解，更多的是一种自我形象的塑造，一种文化需要。

——覃闲梦《诗歌的过客》

北京"天下盐"餐厅，是一帮老哥们聚会的地方。2011 年，左起陈琛、野夫、周墙、黄柯。

周墙本身也经历了很矛盾的挣扎，包括万夏也是，万夏现在天天下午在家写东西。他是想两全，生意也要去弄着，写作又不想要放弃，割舍不掉的。而周墙则分的很清楚，他说他不能一辈子做自己不喜欢的事，他立志要把以后的光阴虚度掉。"这年头，宜睡，宜游，宜发呆。"周墙说。

——杨黎《灿烂》

1980 年代，岛子。

　　那时的岛子，翻译了大量西方现代诗歌，艾略特《大教堂凶杀案》，美国自由诗派女诗人普拉斯，诸如此类，他以一种精英式的现代性抵抗方式，静观后现代歇斯底里式的梦魇。

——艾蕾尔《孤仁废墟间：岛子的诗意追问》

　　李亚伟第一次读到"垮掉一代"作品是在 1985 年夏天，当时他、万夏、杨顺礼、雷鸣雏、何小竹等人正在编辑《中国当代实验诗歌》，岛子从西安寄来了他和赵琼合译的金斯伯格的《嚎叫》全文，读完后让李亚伟们拍案叫绝，他用他调皮的川东乡音也嚎叫了一声："他妈的，原来美国还有一个老莽汉。"

——李亚伟《英雄与泼皮》

232

1980 年代，赵琼。

我读金斯堡《嚎叫》的第一个汉语译本，就是岛子和赵琼翻译的，听说当时他们是一对夫妻，不知道现在还是不是？

——何小竹《我亲历的中国当代文学》

赵琼，早起著名翻译家，她和岛子翻译的金斯伯格的《嚎叫》让当时的"莽汉"们兴奋不已。

——李亚伟《英雄与泼皮》

2001 年，北京。姜诗元，著名诗人，《诗歌报》编辑，86 诗歌大展推手。

　　姜诗元，《诗歌报》编辑，86 诗歌大展的推手，他说：作为编辑，我发了三首诗，翟永明的《女人》、李亚伟的《中文系》，还有一首就是杨黎的《冷风景》。也就是因为这样，这张报纸成了那个时候中国先锋诗歌的一面旗子，并使它的发行量突破 10 万。

　　——杨黎《杨黎：答五木问〈诗歌报〉"86 大展"的几个问题》

我几乎用了很多时间，企图消除人们对我的诗歌的误解。但是，直到现在，我还是觉得非常困难。在许多言说中，在许多当代的诗歌选本中，更在许多评论家的笔下，大家似乎更愿意保留这一我认为是严重的误会。

　　这误会，就是人们非常愿意把我的《街景》说成是《冷风景》。这一误会，始于尚仲敏，成于周伦佑，推广于姜诗元和他当时所在的《诗歌报》。

——杨黎《灿烂》

　　姜诗元说：作为编辑，我发了三首诗，翟永明的《女人》、李亚伟的《中文系》和杨黎的《冷风景》。

《谁比谁美丽》中的阿黄就酷爱王家新、余华和安妮宝贝，每天弄个小本摘抄他们的精彩文句。

——萧元《置身在南方，置身在民间》

中国诗歌有一个很有趣的情况，就是：从事理论批评大量的人是诗人本身，而且涉及理论又有一定影响的人，有不少，从海子开始，欧阳江河、钟鸣、西川、韩东，包括于坚，然后伊沙、孙文波。而我是一个不喜欢理论的人。我认为理论不可能拯救诗歌，它最多只能拯救本来就是诗人的诗人。如果他不可能是一个诗人，那么理论对他而言，基本上是没有作用的。而本来就应该是诗人的人，他没有成为诗人之前，他需要的是自己深入语言的内部，自己去掂量每一个字和每一个字的分量。而理论，更多的时候是把问题搞复杂。

——杨黎《灿烂》

2000 年，北京上苑，在孙文波家中，王家新和万夏的儿子万少一。

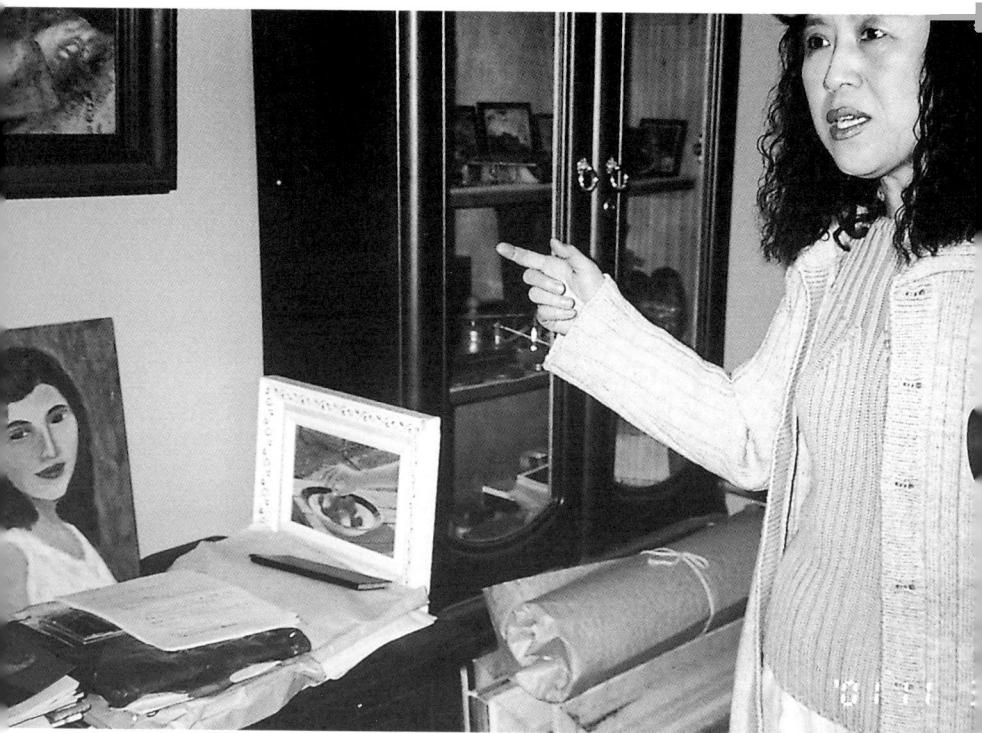

　　2001 年，天津。伊蕾曾经以一首《你不来与我同居》而轰动诗坛，之后日渐淡出。同年，她在天津开办了一家画廊，成为中国最早的职业艺术经营人。

我注意到她很清瘦，卷发自然披垂在双肩，有一些遮掩了面部。她穿了一套白底小蓝花休闲套装（据说是她自己设计），浅口白皮鞋，颇显青春活力。仪表的素雅配上言语的激情，一个立体的诗人伊蕾便凸现在面前了。

——水晶钥匙的博客

我和伊蕾一见面，她就问我："我们见过没有？"我说没有。我虽然不是那种让女人都喜欢的美男子，但是，我想我怎么也不会是一个让人记不住的人。特别就女人而言。特别就伊蕾这样的女人而言，哪怕就是坏印象，也会让她深深留下。

伊蕾在 80 年代后期，以她的一组《独身女人的卧室》的诗歌，刺激了几乎所有的中、老年男诗人。我曾经不只在一个地方、一个人那里，听见对她的谈论。不论这种谈论是感叹的、羡艳的，还是愤怒的。作为一个在此之前老老实实的青年女诗人，突然间给诗坛的震荡的确不可低估。十多年后，不管伊蕾怎么说，比如她强调诗歌的美，都无法不让那些惊讶的耳朵，直端端地听见她的呼唤。

——杨黎《灿烂》

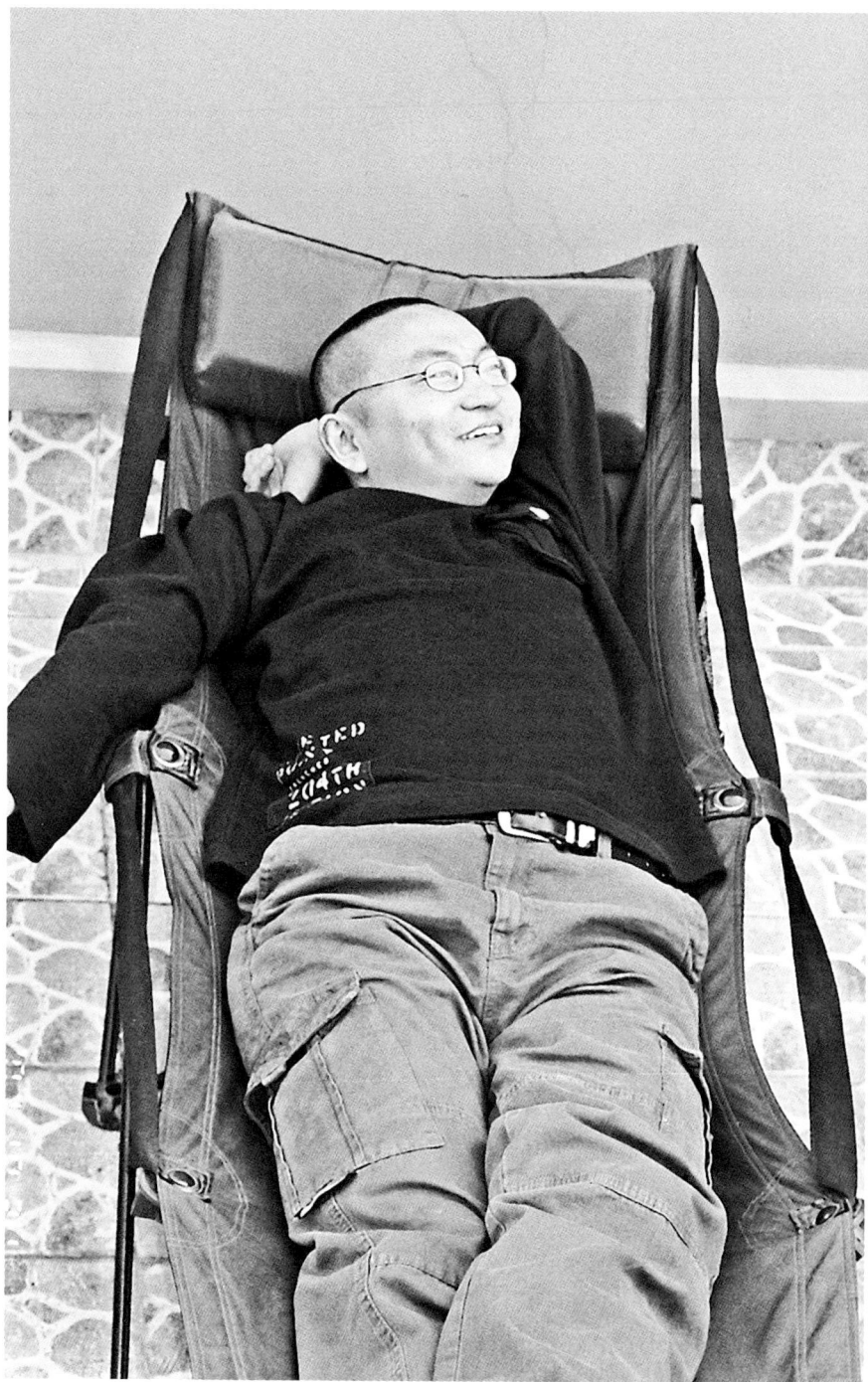

2000 年，我在北京见到了沈浩波，便在电话上对远在西安的伊沙说，沈浩波是个阳光男孩。伊沙说，不对，他心藏大恶。

——何小竹《我亲历的中国当代文学》

沈浩波，1976 年出生于江苏泰兴，是 2001 席卷诗坛的"下半身诗歌运动"的重要发起人，出名于他的文章《谁在拿 90 年代开涮》，以诗歌《墙根之雪》、《一把好乳》、《强奸犯》等引起巨大争议。同时，作为北京磨铁图书有限公司创始人，也是国内最著名的出版人之一。

——杨黎《灿烂》

2005 年，沈浩波在北京。

2001 年，在济南，左起孙磊、吴斌、宇向、普珉、杨黎、乌青、孙基林、岩鹰。

在济南那两天，我们六个人基本上天天都在一起喝酒。不断加入的，还有匆匆从外面赶回的孙基林和吴涛。孙磊年轻的夫人宇向，是我们酒桌上唯一的女人，也是济南新起的颇有才华的女诗人。看得出来，她非常的雅静，也非常的幸福。当然，从她的雅静和幸福里，我也完全感觉到了她的丈夫孙磊的力量。那也是济南的力量。沉默的"普珉大哥"（孙磊夫人语），正默默地把《他们》的精神深入着，发展着。对于济南，包括整个山东，我们不可能不抱有期待。轩辕轼轲，盛兴。当然更因为鲁力。仅仅是我当时还不知道他也在济南，我是在写到济南时，才听竖告诉我的。

　　在济南的两天里，我们都在喝酒。每一次喝酒，岩鹰都要说，酒真不错。然后他又补充，酒把喉咙冲开了。他的意思非常简单，就是喝了酒后，我们都变成爱说话的人了。我愿意反过来表述，就是在酒桌上沉默的人，都是坏人。

——杨黎《灿烂》

2002 年，杨黎和竖在万夏家，旁边是万少一和姥姥。

　　竖的父亲是山东人，竖生在上海，长在上海，其实也就是一个上海人。去年我来北京的第三天，他也来了北京。作为年轻一代最有才华的青年诗人，在大家的帮助下，好不容易找了一个工作。我对他说："竖啊，一定要在北京待下去。"

——杨黎《灿烂》

阅读自己和被自己阅读构成我日常生活的进与出，迄今为止我还没有找到比文字更适合栖居的老巢。

——老巢自述

上世纪 90 年代初漂泊到北京的老巢，不仅在央视打造了让许多人为之惊讶的优秀节目，而且他还是一位集诗歌创作、影视编导、大型美展策划以及杂志主编等非凡才华于一身的人。"信手一指，便有时刻凝结成"冰"赶在它们尚没融化之前，用文字记录成篇，俗名叫'诗'。阅读自己和被自己阅读构成我日常生活的进与出，迄今为止我还没有找到比文字更适合栖居的老巢"，老巢，原名杨义巢。

——杨黎《灿烂》

2010 年，老巢在北京家中。

2010 年，北京。三个撞衫人：左起刘春、万夏、张小波。

刘春，是北京广播学院的著名才子，是诗人，也是传媒名人。刘春常常带领一群一群的美食爱好名人，聚餐天下盐，喜读二毛诗，"今天晚上去天下盐喝点小酒"。

——二毛《酒桌边的英雄》

周亚平写于 80 年代的《故事马》，何小竹的《组诗》、于坚的《零档案》和我的《非非 1 号》都是第三代的扛鼎之作。小竹的造句，亚平的假叙事，于坚的日常解构和我的回到声音，都证明了一个时代写作的高度。特别是亚平的假叙事与后来的乌青《有一天》张羞《散装麻雀》孙智正《句群》均有天然关联，并为我推崇。

——杨黎《灿烂》

2011 年，在成都。左起覃贤茂、周亚平、吉木狼格、何小竹。

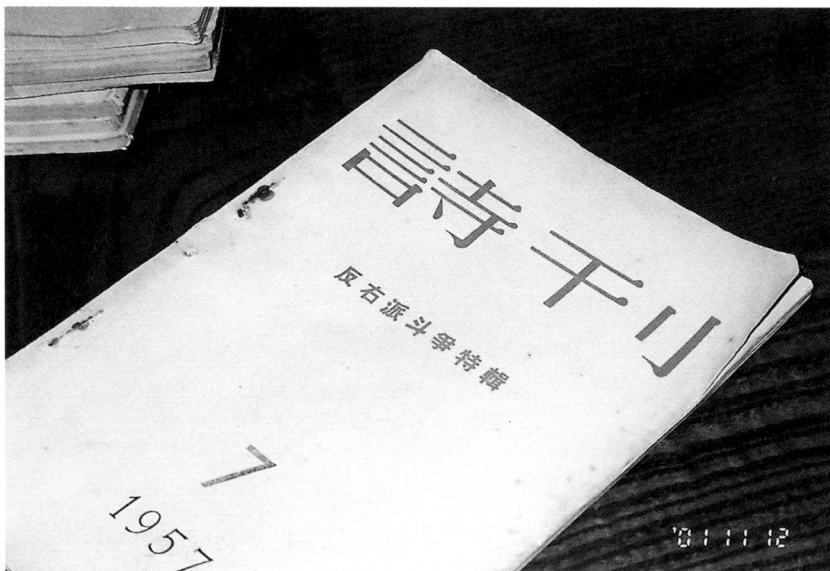

1957 年，反右时期的诗刊。如果里面的诗人活到今天，当翻开它的时候，会道歉，会汗颜吗？

1970 年代底和 1980 年代初的思想解放运动，无疑是中国历史上最有价值的一场运动。这主要是因为它发端于刚刚结束的"文革"之后。这场运动给予我们这一代人的东西，不像新文化运动给予当时的青年人的东西那样，全部是正面的。说到底，它包含了太多的腐烂。其中有外部的，但主要是内部的：过早的成熟，使我们承担了太多的风雨；而没有包袱，没有复杂的人生经历，又使我们的成熟显得空荡而不实在；当然，最重要的还是我们幼小的心灵中神圣偶像的突然毁灭，使我们目空一切—包括这场思想解放运动想恢复的东西。那是一个什么样的时代啊，我的一个朋友曾经这样表述了我们的感觉。她说："在此之前，我一直以为毛主席是不会上厕所的。"就是在这样的情况下，我们回到了诗歌。

——杨黎《灿烂》

248

1986 年，徐敬亚他们编的《中国现代主义诗群大观》书，这是影响中国的 10 本书之一。

第三代人在徐敬亚的大展中扮演着某种滑稽的角色，像引领者，又像小丑，其实更像被屠杀的对象。这是第三代人的宿命。也是它最好的归宿。和它置身的世界一起死亡，并且在这一死亡中脱胎换骨，是它唯一的下场。当然也是出路。所以，我从来都认为，第三代人诗歌运动，在 1986 年就已经结束了。或者说，就应该结束了。后面的三年，只是它必须上演的尾声。在此之后，诗歌以另外的方式出现。在此之后出现的诗歌，是另外的诗歌：它不是大众的，也不是"极少数的"。

——何小竹《我亲历的中国当代文学》

2010年，有朋自远方来，梁晓明在餐厅点菜。

诗歌是天才的事业，是一双玻璃一样透明的眼睛朝混浊的生活和暗淡的时间张开，它永恒地寻找着幸福。

——梁晓明《梦幻的彼岸》

梁晓明给我的感觉就像他的诗一样：青春、机灵和充满想象。这次见到他，青春虽然已去，但机灵中添了自信、想象里有了稳重。他是天生的诗人。梁晓明对我说，他之所以写诗，主要就是看了《草叶集》的原因。《草叶集》对他诗歌的影响，直到今天都依然存在。他说他当时并没有看见北京的《今天》，对于（当时）诗歌界"朦胧诗"的争论，也没有机会关心和注意。等他能够全面了解这些时，他的诗歌写作已经完全自我化了。我相信他的话。

——杨黎《灿烂》

250

2005 年，在银川贺兰山下。左起陈琛、李亚伟、默默、万夏、赵野、郭力家。

在写"莽汉诗"之前，李亚伟仅仅是徘徊在普希金的抒情世界里。用万夏的话说，他（指李亚伟）是一个非常硬的抒情诗人。而胡冬，我老实说，我没有看过他在"莽汉"之前的东西。但我深信，在"莽汉"之前，胡冬肯定经历了和我近似的诗歌碰撞。他对语言的感觉，绝对不会伸向"朦胧"之中。

——杨黎《灿烂》

2010 年，北京最新流行语：走，去黄柯家吃饭。黄柯（左）和萧元。

黄珂兄大隐于京城，他家流不完的流水席上流着三教九流的人，离去时顺手带走他们家的阳光。

萧元写的小说，分行可以成为诗。萧元做的艺术家访谈，随便抽取一段，可以直接搬上戏剧舞台。

——周墙《前世今生，只是一个瞌睡虫》

2010 年，萧元于 1998—2002 年任《芙蓉》杂志主编，发表过很多第三代诗人、废话诗人的诗歌。何小竹曾经这样评价萧元的文化专著《做壹年》：它最完美地体现了非非的写作理想。

——杨黎主编《橡皮——中国先锋文学 2》

2010 年，北京。侯马（左）和陈琛和在一次诗歌朗诵会上。

诗人侯马与警察衡晓帆其实是同一个人。在诗歌圈子里，大家叫他侯马，而在警局，则都习惯称他为衡局长。按侯马自己的话说，这叫各叫各的名，各干各的事，互不借光。

——邰筐《诗人侯马与警察衡晓帆》

《他们》后期另有两位重要的作者，杨健来自安徽，鲁羊来自苏北。此外《他们》中后期还刊载了非亚、伊沙、阿坚、张枣、欧宁、唐欣、朱朱、唐丹鸿、徐江、张弛、吕约、蓝媄、李森、侯马、杨克、翟永明、陈超。侯马的《他手记》被评为 2008 年中国诗歌排行榜年度最佳个人诗集。

——韩东《'他们'或他们》

二十多年前，王琪博突然出现在诗坛，与尚仲敏、燕晓东迅速成为重庆大学生诗派三巨头。但几年之后，他又突然从诗坛消失。在这里我用了两个突然，我认为它非常准确地描述了王琪博的个性和特点。现在，王琪博重新出山，一手写诗，一手画画。但见他诗写得颇为快活，画画得影响深远。去年的秋天，在望京一家咖啡店里，我和他坐在了一张桌子上。几个小时后，我从他的嘴巴里，再次听闻了我已经听过多次的他的传奇人生。那真的是一篇好小说。

——杨黎《灿烂》

2008 年，黄山诗会。左起赵野、尚仲敏、王琪博、胡晓波、李亚伟、万夏、野夫。

2008 年，左起赵野、李亚伟、默默、周墙、海波在黄山归园。肖全 摄影

不惑之年我干了件令自己骄傲自满的事——营造"归园"。它完成了在江南梅雨的下午，少年周墙浅睡在一张油光发亮的凉床上，对《红楼梦》中古典园林的全部幻想。

——周墙《前世今生，只是一个瞌睡虫》

周墙给我讲过这么一个故事：有一次在南京丁山饭店下楼碰见海波，他说这有一帮诗人在聚会吃饭你一块吃吧，我莫名其妙跟着下去了。一帮什么诗人呢？都是学院派的，不是清华就是北大的那一帮人，他们一起在等一个人，《诗刊》的总编，总编从机场过来之前，他们都在等，我等不及了，开一瓶啤酒，我说你们慢慢等我先吃，他们一帮人坐着看我一个人吃，我快吃完了那个总编进来了，哦，想起来了叫林莽。

——杨黎《灿烂》

我回想起一些事和一些人的话，比如李亚伟，他就说："追求富裕的物质生活是我们这一代人精神世界的一个部分。"而韩东呢？韩东说："我们就是要荣华富贵，就像我们要最好的诗歌和小说一样。"没有人回避这个问题，没有人会回避物质的诱惑。天才的诗人于小韦是这样的，于坚也是这样的，何小竹更是这样的。一群精神强大得已经没有什么可怕的人，又怎么会怕豪车、别墅和美女呢？我想不出来。

——杨黎《灿烂》

2011 年，左起朱迪、干道甫、万夏、彭前程、吴白雨在景德镇冰蓝公社，他们想把泥巴变成金子。

马松的影响力很大。我曾经随便对北京二三十个中老年妇女进行过采访，基本上全部都购买过马松做的那些《求医不如求己》《不生病的智慧》《健康教母马悦凌》等书。诗人李亚伟说，从这一点看，马松对革命的贡献，远比野夫那些人大。

——杨黎《灿烂》

2006 年，黄山诗会上。左起赵野、杨上清、张小波、马松、默默、翟永明、李亚伟。　　周墙 摄影

2009 年，北京园景酒吧。左起周墙、张小波、马松、万夏。
一会儿三人斗地主时，万夏只有孤独地在一边喝酒。

几年前，马松和万夏两莽汉互相将对方的头砸开了瓢，第二天没事人似的一起喝酒，说笑。想来想去，还是川人好玩，可交。

——周墙《前世今生，只是一个瞌睡虫》

如果没有诗歌，我们的言说是没有意义的。或者说有意义，这个意义也与我们没有任何关系。说一句傻话，回顾人类历史，上下五千年，是什么使短暂的 20 世纪 80 年代突现出来的？又是什么使它值得被记下，甚至被张扬？

我肯定地说：这就是诗歌。第三代人的诗歌。

——杨黎《灿烂》

　　三十年过去了，"第三代人"这一开始就产生巨大的争议的观念已扩展到诗歌以外，变成了意义更为繁复、泛指整个八十年代文学艺术的代名词。2012年12月，在纪念第三代人诗歌30周年暨第七届黄山归园诗会上，首次以诗人的名义给国内文学艺术界这三十年的卓越贡献者颁奖。

　　诗歌奖：马松；散文奖：野夫；小说奖：马原；导演奖：张元；纪录片奖：徐星；绘画奖：邱志杰；艺术评论奖：朱朱，陶艺奖：甘道甫；音乐奖：陆中强；媒体传播奖：刘春、陈朝华；美食奖：二毛、小宽；特别奖：黄珂。

诗会全员与获奖者的合影。前排左起：肖全、周墙、陈朝华、陈琛、野夫、小宽、陆中强、朱光瑜、赵野、邓翔、耿萧男。中排左起：朱迪、杨黎、万夏、李笠、李昂、二毛、甘道甫、黄珂、黄震、朱智勇、李亚伟、李少君、徐敬亚、韩庆成、胡纠纠、马那。后排左起：陶院、雷震剑、郝舫、老安、朱朱、苹果、张元、史文菲、伐珂、刘春、王琪博、旺汪忘、海波、寒玉、默默、李森、徐星、郭力家、马松、贺中、老巢。

2012 年 12 月，在纪念第三代人诗歌 30 周年暨第七届黄山归园诗会上，大家在猪栏酒吧讨论李亚伟的长诗《河西走廊抒情诗》。

2012 年冬天，在黄山归园，第三代人诗会奖项评委会：
周墙、万夏、默默、赵野、李亚伟。

图书在版编目（CIP）数据

浮水印 / 万夏主编. -- 北京：中华工商联合出版社，2014.6
ISBN 978－7－5158－0771－3

Ⅰ.①浮… Ⅱ.①万… Ⅲ.①诗人－生平事迹－中国－现代－
图集②诗集－中国－当代 Ⅳ.①K825.6-64 ②I227

中国版本图书馆CIP数据核字（2014）第120201号

浮水印

作　　者：肖全等 摄影　柏桦 杨黎 何小竹 等 文
责任编辑：于建廷　方 伟
封面设计：紫圖裝幀
出版发行：中华工商联合出版社有限责任公司
印　　刷：北京联兴盛业印刷股份有限公司
版　　次：2014年6月第1版
印　　次：2014年6月第1次印刷
开　　本：889mm×1194 mm　1/32
字　　数：90千字
印　　张：8.5
书　　号：ISBN 978-7-5158-0771-3
定　　价：68.00元

服务热线：010－58301130
销售热线：010－58302813
地址邮编：北京市西城区西环广场A座
　　　　　19－20层，100044
http：//www.chgslcbs.cn
E-mail：cicap1202@sina.com（营销中心）
E-mail：gslzbs@sina.com　（总编室）